特色居家养老服务模式驱动创新设计

孙一文 / 著

江苏凤凰美术出版社

作者简介

孙一文，女，汉族，1980年5月出生，中共党员。2004年毕业后至今一直在南京理工大学设计艺术与传媒学院从事工业设计教学科研工作。主要研究方向为工业设计、用户研究。江苏省工业设计学会会员。

任教多年来，孙老师一直工作在教学科研第一线，为培养人才做出了一定贡献。教学方面，先后为本科生、研究生开设多门主干课，主讲的“用户研究”与“产品设计”是学校重点建设课程，专业基础课程”设计概论”多媒体课件荣获江苏省多媒体竞赛一等奖，多次获得其他各类优秀教学奖。辅导学生参加国内外各类设计竞赛，获奖百余项。获得国内外各类设计竞赛优秀指导教师奖。科研方面，主持设计30余项企事业合作项目。从2012年至今，每年引入多项新的企事业合作项目，设计作品申报并获批外观专利授权和实用新型专利授权共计20余项。

前言

根据国家统计局发布的数据，2019年末，我国60岁及以上老年人已经达到2.54亿，占总人口的18.1%；65岁以上的人口已经达到1.76亿，占全国总人口的12.6%。根据WHO世界卫生组织的定义，当一个国家或地区60岁及其以上人口占总人口数的10%，或65岁及其以上人口占总人口数超过7%时，这个国家或地区便进入老龄化社会。事实上，我国早在1999年就已步入老龄化社会。2001年，我国65岁以上老年人口数为9062万，占总人口数的7.1%，这意味着中国正式进入老龄化社会。随着我国老龄化速度的加快，养老问题已成为社会各界关注的焦点，养老矛盾的凸显使得老年人如何选择适合自己的养老方式成为核心问题。习近平总书记在讲话中将中国人口老龄化国情概括为“三最”，即数量最多、速度最快、应对任务最重。

我国老年人口规模大，增长速度快，而以传统居家为主的养老方式难以产业化，因此发展缓慢。此外，日益增多的“4+2+1”家庭人口结构，使传统居家养老的基础发生变化，家庭养老功能逐渐弱化。社会迫切需要在居家养老基础上寻求一种能够大规模、低成本解决养老难题的办法和路径。要解决当前的养老难题，这就需要发挥市场在养老产业中的关键作用，政府要引导社会资源促进养老产业的发展。只有理顺市场、政府和养老的关系，在发挥市场作用的同时，通过产业导向和产业政策引导更多社会资源进入养老领域，充分挖掘社区在养老服务方面的中心作用并带动整个养老服务产业体系建设，才能加快发展养老服务产业，构建新型中国特色的养老服务产业体系。

随着社会老龄化程度的日益加深和高龄化的来临，养老逐渐变成全社会的压力。目前，受传统养老观念的影响和我国生产力水平的制约，家庭在老年人的养老过程中发挥着主导作用，家庭养老仍是主要方式。随着现代家庭结构和生活方式的变化，家庭的养老功能将日益弱化。鉴于目前我国家庭养老还居于主导地位，但其养老功能又受到挑战，机构养老资源始终只能解决极少数老年人的养老问题，因此，以社区为依托的居家养老便成为中国现阶段的新型养老方式。

在上述背景下，《特色居家养老服务模式驱动创新设计》将主题聚焦于以社区养老为中心的居家养老服务模式研究，对在中国现阶段养老服务体系中处于基础性地位的居家养老进行系统分析，梳理居家养老的发展进程与现状，通过理论分析与实地调研，总结出当前居家养老的主要问题，并给出相应的解决措施，为居家养老服务的未来发展提供新思路与新途径。

在内容与结构上，本书主要分成四章：前三章针对居家养老问题进行基础性理论研究，第四章为本次研究的延展性实践环节。

第一章对我国老年人群的基本特征进行了梳理与分析，主要通过文献分析与问卷调研，对老年人群生理层面的病理性特征、基本行为能力及心理层面的感知特性、认知特性展开深入研究，为进一步挖掘我国老年人在居家养老活动中的具体需求、服务内容与适老化设计夯实基础。

第二章和第三章在第一章的基础上，进一步挖掘我国老年人的居家养老需求，从而构建我国老年人居家养老服务模式。它主要是对相关的需求理论进行文献综述，基于生存—关系—成长（ERG）需求模型，运用问卷调研、专家访谈及聚类分析方法，总结出居家养老需求的主要内容，并基于具体需求内容深入分析我国居家养老供需情况，构建出智慧化社区居家养老服务模式。

第四章围绕居家养老活动中的适老化产品设计展开实践研究。此章根据前三章节理论研究，系统梳理了适老化产品分类、设计流程、需求层次，以居家适老化多功能床为设计实例展开实践研究。

本课题组会继续根据养老产业发展动态、关注热点及国际养老领域的全新动向，立足设计视角，开展养老产业的专题研究，同企业、政府及社会各界一起共同推动中国养老产业发展，用理论指导实践，切实实现系统性的老龄化创新设计研究。

在《特色居家养老服务模式驱动创新设计》付梓之际，本课题组感谢报告专家组成员的鼎力支持和持续指导。南京理工大学设计艺术与传媒学院李亚军教授带领的课题研究团队协助完成全部研究工作。

关注老龄事业，运用设计方式，推动养老产业健康发展，坚持“以人为本”的设计理念，促成老龄化设计的创新实践，是本课题组持续追求的研究目标。在此，本课题组诚挚希望本书的出版能为各领域专家学者了解老龄化创新设计与居家养老产业之间具有紧密联系，充分利用设计之力解决养老领域的现实问题，推动我国养老事业的蓬勃发展。我们期待与社会各界专业人士，为中国现阶段的养老事业发展共同努力，再创新高。

孙一文

2023 年 11 月

CONTENTS

第一章

中国老年用户原型构建

1.1 老年用户群体界定

1.1.1 老年用户人群定义

世界卫生组织对老年人的定义为60周岁以上的人群。我国老年人权益保障法第2条规定，老年人的年龄起点标准是60周岁，即凡年满60周岁的中华人民共和国公民都属于老年人。

最新全国人口普查数据显示，中国的老龄化速度和规模前所未有，2021年中国65岁及以上人口占比达14.2%，进入深度老龄化社会，2022年上升至14.9%，2023年60岁及以上人口占全国人口的21.1%，其中65岁及以上人口21676万人，占全国人口的15.4%，中国已经进入超级老龄化社会。

1.1.2 老年用户人群划分

（1）按年龄划分

联合国世界卫生组织根据全球人体素质和平均寿命进行测定，对年龄的划分标准做出新的规定。这次规定将人的一生分成五个年龄段，即44岁以下为青年人，45岁到59岁为中年人，60岁至74岁为低龄老年人，75岁到89岁为高龄老年人，90岁以上为超高龄老年人。

（2）按行为能力划分

参照国际通行的日常生活活动能力（ADL）量表，在6项指标中，一至二项无法完成的，定义为“轻度失能”老年人；三至四项无法完成的定义为“中度失能”老年人；五至六项无法完成的定义为“重度失能”老年人。如表1-1所示。

表1-1　中国失能老年人判定生活活动能力（ADL）量表

项目	不费力/分	有些困难/分	做不了/分
吃饭	10	5	0
上下床	10	5	0
洗澡	10	5	0
如厕	10	5	0
穿衣	10	5	0
室内走动	10	5	0

续表

中国失能老年人 ADL 量表结果				
评定结果	完全自理	轻度失能	中度失能	重度失能
得分	60 分	40~50 分	20~30 分	小于 10 分

美国的长期照护服务体系将基本日常生活自理活动 BADL（basic activity of daily living）和工具性日常生活自理活动 IADL（instrumental activity of daily living），作为评估老年人长期照护需求的重要指标，他们将照护服务界定为包括针对基本日常生活自理活动（BADL，如穿衣、洗澡、如厕等方面）提供的支持，在工具性日常生活自理活动（IADL，如服药管理、家务劳动等方面）提供帮助，以及健康维护、养生服务等。与仅是 IADL 受损的老年人相比，BADL 受损的老年人群对照护服务

的需求更为迫切。在社会保障和支持能力较低的情况下，中国的长期照料体系应该首先满足这一人群的照料需求。因此，对于中国失能老年人需求的评估与对策分析，应该将 BADL 受损的老年人群作为首要的研究目标人群。以下是 BADL 量表，也简

称 ADL 量表，如表 1-2 所示：

表 1-2　ADL 量表（Katz et al.，1963）

	洗澡	穿衣	如厕	转移	二便控制	进食	任意一项
A							
B							★
C	★						★
D	★	★					★
E	★	★	★				★
F	★	★	★	★			★
G	★	★	★	★	★	★	
ADL 量表结果							
能力水平	完全自理	→					完全失能
等级	A	B	C	D	E	F	G

说明：★代表不能独立完成；项目水平由难到易排序。

通过上表我们可以看出，等级从 A 到 G 共分为 7 个等级，其中 A 等级表示完全能自理，G 等级表示完全失能，以此类推。具体的评判是，根据上述的评判标准，如在洗澡、穿衣、如厕、转移、二便控制、进食六项中均能独立完成的评价为 A 等级，六项中其中任意一项不能独立完成的评价为 B 等级，六项中其中任意一项加上洗澡不能独立完成的评价为 C 等级，以此类推。

1.2 老年用户生理特征分析

随着人步入老年时期，衰老会带来身体各项机能的退化，这往往会导致身体状态的变化。

1.2.1 生理基本特征分析

（1）体态骨骼老化

随着人年龄的增长，头发和胡须开始呈现白色且数量减少，牙齿会出现松动脱落的现象，人体成分也会随着年龄衰老而发生缓慢变化。人体主要由水、无机盐、蛋白质、脂肪构成，其中前三项为瘦组织，随年龄的增长而减少，最后一项脂肪则随年龄的增长而增加。新陈代谢是指人体在年龄增长过程中有新的身体组织生成，旧的组织渐渐分解。老年人新陈代谢的速度比年轻人慢，基础代谢率将变低。基础代谢是指在静卧状态下，人体处于适宜的气温环境中为维持基本生命活动所需而消耗的能量。此外，老年人的活动量和能量损耗较少，容易出现肥胖或脂肪在局部堆积等症状。

除了上述症状外，大部分人从 35 岁开始进入骨骼组织老化过程。由于新生骨骼细胞少于老化细胞，骨密度变小，骨骼的老化会带来一系列问题，例如骨质疏松或增生。因此，人年纪大了，如果摔倒更容易骨折，且康复速度很慢，身高和体重也随着年龄增长而降低。如表 1-3 所示。

表 1-3　中国失能老年人判定生活活动能力（ADL）量表

项目	男		女	
	年轻时数据（30~40 岁）	目前数据（60~83 岁）	年轻时数据（30~40 岁）	目前数据（60~87 岁）
体重 /kg	64.8（Var.=12.7）	66.4（Var.=16.3）	51.5（Var.=8.3）	50.3（Var.=18.7）
身高 /mm	1678（Var.=17.7）	1651（Var.=15.1）	1591（Var.=12.6）	1560（Var.=14.5）

数据来源：《中国老龄事业发展报告（2016）》，全国老龄工作委员会办公室。

（2）大脑及脏器功能下降

大脑是人体神经中最高的控制系统。研究资料显示，人到老年，大脑的形状会产生变化，如体积减小、质量变轻。25 岁的人脑重约 1400 克，60 岁时约减轻 6%，80

岁时约减轻10%，脑中水分可减少20%。30岁之后，人的大脑神经细胞会不断减少，60岁以上更为明显，75岁以上往往只能达到青年时期的60%左右。

进入老年时期，身体器官也开始老化。除了脑部外，心脏、肾脏、肺部、胃部等主要内脏的功能也远不如年轻时期。由于细胞数量变少，由它们所组成的内脏器官和组织的功能势必发生衰退。其发生的早晚时间进度有所不同，比如从20岁开始大脑的神经细胞开始减少，但肝脏则要到70岁才开始衰退。因此，老年人更易体力不支，出现消化问题，慢性疾病也多发于老年群体。

（3）神经、肌肉组织退化

下肢与膝关节健康极易影响人站立或行走的稳定性，老年人的肌肉力量较弱，平衡力也就相对较差，易出现跌倒的现象。许多下肢瘫痪的老年人长期借助器械，容易伤害上肢，下肢瘫痪的老年人则在体力方面较弱。轻度瘫痪的老年人需要借助器械行走，动作较慢，难以越过路障，中高度瘫痪的老年人则无法自行行走，必须依靠外力辅助。

老年人的神经系统同样开始退化。神经系统在人的身体中发挥主导作用，因此神经系统的退化会使老年人在行走、组织、协调、操作等方面的能力减弱，致使其在日常生活中难以照顾自己。肌肉的退化还使老年人力量变小，步行困难。老年人肢体活动能力测试结果如表1–4所示。

表1–4　老年人肢体活动能力测试结果

项目	正常值	性别	
		男	女
肩关节前屈	0°～180°	0°～170°	0°～168°
肩关节后伸	0°～50°	0°～37°	0°～36°
肩关节外展	0°～180°	0°～175°	0°～172°
肩关节内收	180°～0°	175°～0°	172°～0°
肩关节水平屈曲	0°～135°	0°～130°	0°～127°
肩关节水平伸展	0°～30°	0°～26°	0°～25°
肘关节屈曲	0°～145°	0°～141°	0°～140°
肘关节伸展	145°～0°	141°～0°	140°～0°

数据来源：《中国老年健康状况及政策建议报告（2016）》。

如表1–4所示，正常值为人体解剖学构造的理论数值，健康成年人基本可以达到。

测试显示，老年人肩肘部位的活动能力下降，身体运动能力随之变差，这会使得老年人在日常生活中上肢能接触的区域减少，年轻人容易接触到的位置，老年人可能就难以触及。老年与青年握力对比如表 1–5 所示。

表 1–5　肌肉握力测试结果

不同组别	最高值/kg	最低值/kg	平均值/kg	平均体重/kg	握力指数均值/%
老年男性	41	26	36.2	67.5	54
老年女性	32	8	19.6	56.7	35
青年男性	60	35	45.3	62.2	73
青年女性	36	19	29.1	50.3	58

数据来源：《中国老年健康状况及政策建议报告（2016）》

如表 1–5 所示，可清晰得出青年人和老年人的握力相差较大。无论是男性还是女性，老年人的握力测试数值均比青年低 20% 左右，其中男性低 19%，女性低 23%。可见，年老时人体肌肉力量的下降十分明显。

（4）感官系统功能衰退

50 岁以后，神经传导速率会开始减缓，氧及营养素的利用率下降。这一变化导致老年人脑功能退化、听觉变弱、反应能力降低、肢体退化等。脑功能退化出现，相关症状有记忆力变差、思考迟缓、注意力难以集中、健忘、难以入睡等。另外，脑部的退化使得老年人的感官能力削弱，甚至给他们参与社交活动带来困难，远离社会，心里感到疏离，严重的会影响日常生活。感官系统功能的衰退包括感知功能的下降、加工速度的降低、记忆能力的下降，以及对科技类产品使用兴趣的降低。感知功能的下降是较为明显的衰退，会使老年人在产品使用上表现出“障碍”。

这种感知功能的下降同样会影响到多种认知任务的表现，影响对于新产品的理解和学习。与年轻人相比，老年人身体运动的速度和认知加工的速度会下降。其中，认知加工速度的下降促使高水平认知能力的下降，例如推理能力、空间能力，以及对于语言材料和活动的长时记忆能力等。老年人记忆能力的下降主要表现在工作记忆能力、情境记忆能力及前瞻记忆能力等方面。

老年人对于新的科技产品的兴趣与态度较年轻人大幅降低，他们有更低的意愿和对科技产品有更高的难度评价。对于电子产品的使用，一些研究人员对比了老年人和年轻人在电子产品上的使用知识和态度，发现老年人和年轻人对于产品使用的知识差异不大，但是在使用态度上却差别很大，老年人会觉得“我不知道怎么使用它”或者“这个产品不是为我设计的”。

（5）免疫系统功能减弱

人体系统功能的弱化会给老年人适应环境造成困难。加之卫生环境质量存在问题，老年人容易感染多种疾病，如流感、肠胃炎、肺结核等。同时，老年人较弱的身体机能使其难以抵御外界环境改变带来的感冒等急性疾病和糖尿病、癌症等慢性疾病。生理上的各种变化，使得老年人的健康问题成为晚年生活中面临的重大挑战。

老年人群身体健康状况自我感觉良好且平时无明显疾病困扰的仅占25%左右，其余均有不同程度的身体问题。进入老年后，人的身体状况更易出现问题。有研究者对老年人多发的身体问题进行统计，得出如图1-1中的统计结果：超过70%的参试者表示视力较年轻时期模糊，听力、颈椎、腿脚等问题位居其后，只有略多于10%的人表示和年轻时区分度不大。该调查进一步印证了老年人普遍存在健康问题，问题的种类也更加具体化。

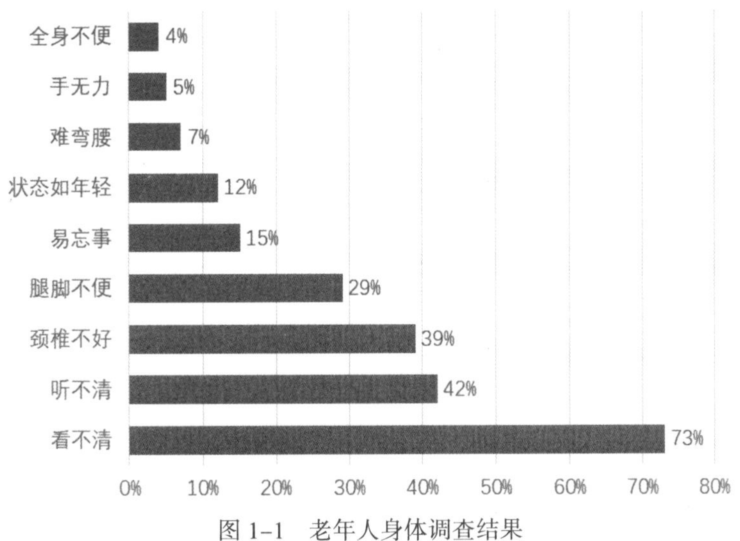

图1-1　老年人身体调查结果

（6）运动控制能力下降

老年人表现出运动控制能力的下降，例如，用鼠标指针点击对应的区域对他们来说会更难。但各种不同运动操作的衰退有不同，一些用户测试发现，老年人在使用触控交互上比鼠标指针的交互做得更好。

（7）决策过程的差异

老年人和年轻人在决策过程上表现出差异。例如，老年人的决策会比年轻人慢，他们做出决策会需要更长的时间，也会反复查看，对比信息。如果给老年人充足的时间和信息来进行决策，他们会表现出和年轻人同样好的决策质量。因此，在涉及决策的产品设计上，可以允许老年人更多地去回看和对比信息，这将更有利于他们做出决策。此外，在涉及一些和个人密切相关的决策上，老年人会更加看重专家的建议。因此，对应的设计上，那些被标记为专家意见的信息将更有说服力。

1.2.2 生理行为能力分析

通过上述对老年人基本生理特征的总结分析，针对老年人日常生活行为能力，本研究将从老年人日常生活活动能力与日常生活料理能力两个部分，进行相关研究和数据统计分析。

（1）老年人日常生活活动能力分析

老年人的日常生活自理能力，主要包含吃饭、穿脱衣、室内行走、如厕、洗澡、坐着起立、弯腰 / 屈膝 / 下蹲、躺着起身等，反映基本的自我照料技能。日常生活自理能力的丧失或出现困难，是身体技能严重丧失的体现，反映了老年人群生活质量较低，提供日常生活照料的家庭及社会负担加大，同时是老年人需要他人长期照料或送进养老机构的主要缘由。中国目前城市老年人生活自理困难的约有 9.8%，其中有部分自理困难的占 4.8%，完全不能自理的占 5.0%。男性不能自理的比例低于女性，城市低于农村。自理困难的比例随年龄组上升，70 岁以后更加明显。具体如表 1–6 所示。

表 1–6 中国老年人群日常生活自理能力分布情况（%）

年龄分段（岁）		总体自理能力		男性		女性	
		部分自理困难	不能自理	部分自理困难	不能自理	部分自理困难	不能自理
60~69		7.1	5.7	6.0	5.4	8.2	6
70~79		9.4	11.4	7.9	9.5	10.6	12
≥ 80		15.5	23.6	14.7	19.2	16.1	27
城乡	城市	4.8	5.0	3.9	4.1	5.6	5.8
	农村	12.5	13.3	10.4	11.1	14.8	15

数据来源：全球老龄化与成人健康研究（SAGE）（2010~2016）。

从中国老年人群日常生活自理能力各维度来看，老年人自理存在中度以上困难的比例从高到低的情况依次为弯腰 / 屈膝 / 下蹲、坐着起立、躺着起身、洗澡、吃饭和室内行走，各类自理困难的比例男、女性在 80 岁以下差别不大，但 80 岁以上自理困难的比例男性低于女性。各类自理困难的比例均为城市低于农村，随年龄组呈上升趋势。具体如表 1-7 所示。

表 1-7　中国老年人日常生活自理能力各维度中度以上困难比例

测试内容	年龄分段 / 岁	合计		男性		女性	
		样本量 / 人	比例 /%	样本量 / 人	比例 /%	样本量 / 人	比例 /%
吃饭	合计	7254	3.3	3491	3.3	3763	3.3
	年龄						
	60~69	4232	1.9	2143	2.5	2089	1.4
	70~79	2452	3.9	1095	3.2	1357	4.2
	≥ 80	570	11.1	253	12.0	317	12.0
吃饭	城乡						
	城市	3751	1.5	1705	1.6	2047	1.4
	农村	3503	5.2	1786	4.9	1717	5.6
穿脱衣	合计	7258	2.2	3496	2.0	3762	2.4
	年龄						
	60~69	4233	1.1	2147	1.3	2087	1.2
	70~79	2452	2.6	1094	2.5	1358	2.8
	≥ 80	572	7.7	255	7.1	317	8.2
	城乡						
	城市	3749	1.7	1704	1.9	2045	1.5
	农村	3509	2.7	1792	2.2	1717	3.2
室内行走	合计	7249	2.1	3488	2.0	3761	2.3
	年龄						
	60~69	4234	1.1	2144	1.3	2090	0.9
	70~79	2446	2.8	1091	2.7	1355	2.9
	≥ 80	569	7.1	253	4.7	316	9.0
	城乡						
	城市	3746	1.6	1699	1.7	2047	1.5
	农村	3503	2.8	1789	2.2	1714	3.2

续表

测试内容	年龄分段/岁	合计		男性		女性	
		样本量/人	比例/%	样本量/人	比例/%	样本量/人	比例/%
如厕	合计	7252	3.2	3491	2.9	3761	3.4
	年龄						
	60~69	4231	1.9	2142	2	2088	1.8
	70~79	2450	3.9	1094	3.6	1356	4.2
	≥ 80	571	9.3	255	7.4	316	11.0
	城乡						
	城市	3748	2.3	1702	2.3	2046	2.4
	农村	3504	4.0	1789	3.4	1715	4.6
洗澡	合计	7249	3.6	3494	3.3	3755	3.7
	年龄						
	60~69	4230	2.0	2145	2.2	2085	1.7
	70~79	2451	4.2	1096	4.1	1355	4.3
	≥ 80	568	12.7	253	10.5	315	14.4
	城乡						
	城市	3747	2.9	1704	3.5	2043	2.5
	农村	3502	4.3	1789	3.2	1713	5.2
坐着起立	合计	7257	5.0	3495	4.3	3762	5.6
	年龄						
	60~69	4233	3.2	2144	2.9	2088	3.4
	70~79	2452	6.5	1095	6.5	1357	6.6
	≥ 80	572	11.9	255	6.3	317	16.3
	城乡						
	城市	3749	3.1	1703	2.6	2046	3.7
	农村	3508	6.9	1791	5.9	1717	8.0
弯腰/屈膝/下蹲	合计	7247	13.5	3493	10.8	3754	15.9
	年龄						
	60~69	4235	9.1	2146	8.0	2084	10.2
	70~79	2448	17.2	1093	13.6	1355	20.0
	≥ 80	569	30.0	254	22.5	315	36.1
	城乡						
	城市	3746	10.9	1702	7.7	2044	13.5
	农村	3501	16.3	1791	13.8	1710	18.8

续表

测试内容	年龄分段/岁	合计		男性		女性	
		样本量/人	比例/%	样本量/人	比例/%	样本量/人	比例/%
躺着起身	合计	7261	3.5	3497	3.1	3764	3.8
	年龄						
	60~69	4235	2.3	2146	2.2	2090	2.2
	70~79	2453	4.2	1095	3.9	1358	4.4
	≥ 80	573	9.8	256	7.4	317	11.5
	城乡						
	城市	3752	2.2	1704	1.8	2048	2.4
	农村	3509	4.9	1793	4.3	1716	5.4

数据来源：全球老龄化与成人健康研究（SAGE）（2010~2016）。

（2）老年人日常生活料理能力分析

日常生活料理能力是指在社区中独立生活所需的关键性的较高级的技能，包括处理家庭事务、参加社会活动、开展日常工作、出家门、使用交通工具等。日常生活料理能力主要反映社会参与，是比个人自我照顾更加复杂的技能，反映维持独立自主的能力，用工具性日常活动能力量表进行测量。生活料理行为能力的丧失，使得老年人参与社会的意愿与能力减弱，更加依赖辅助器具。中国老年人群日常生活料理行为能力有困难的约占 5.4%，男性低于女性，城市低于农村。随着年龄的提升，出现自理困难或障碍的人数在总人数中的占比呈现显著上升趋势，以上特征在 70 岁以上人群中表现更加突出。如表 1-8 所示。

表 1-8　中国老年人群日常生活料理能力的分布情况（%）

年龄分段（岁）		总体自理能力		男性		女性	
		部分自理困难	不能自理	部分自理困难	不能自理	部分自理困难	不能自理
60~69		1.6	1.4	0.9	1.3	2.3	1.5
70~79		3.2	3.5	2.4	3.4	3.8	3.5
≥ 80		7.8	10.7	7.4	9.8	8.1	11
城乡	城市	2.1	2.1	1.6	2.1	2.4	2.0
	农村	3.2	3.2	2.1	3	4.4	4.3

数据来源：全球老龄化与成人健康研究（SAGE）（2010~2016）

从中国老年人群日常生活料理能力的各维度来看，老年人群日常生活料理能力存在中度以上困难的比例由高到低依次为处理家庭事务、使用交通工具、参加社会活动、开展日常工作和出家门。各类自理困难的比例男性低于女性，城市低于农村，随年龄呈上升趋势。具体如表 1-9 所示。

表 1-7　中国老年人日常生活自理能力各维度中度以上困难比例

测试内容	年龄分段/岁	合计		男性		女性	
		样本量/人	比例/%	样本量/人	比例/%	样本量/人	比例/%
处理家庭事务	合计	7126	8.6	3427	7.4	3699	9.8
	年龄						
	60~69	4192	5.2	2118	4.6	2073	5.9
	70~79	2390	10.8	1071	9.2	1319	12.1
	≥ 80	544	24.9	238	23.8	306	26.0
	城乡						
	城市	3674	6.4	1665	5.5	2009	7.2
	乡村	3452	10.9	1762	9.2	1690	12.8
参加社会活动	合计	7132	7.6	3442	6.4	3690	8.5
	年龄						
	60~69	4183	4.3	2125	3.5	2058	4.9
	70~79	2394	9.9	1066	8.3	1328	11.0
	≥ 80	555	21.9	251	23.7	304	20.5
	城乡						
	城市	3659	5.6	1665	5.1	1994	6.1
	乡村	3473	9.5	1777	7.8	1696	11.3
开展日常工作	合计	6989	5.5	3373	5.1	3616	5.8
	年龄						
	60~69	4079	3.0	2075	3.2	2004	3.0
	70~79	2361	7.0	1057	6.2	1305	7.5
	≥ 80	549	17.2	242	17.9	307	16.7
	城乡						
	城市	3541	3.9	1612	4.1	1929	3.8
	乡村	3448	7.0	1761	6.0	1687	8.0

续表

测试内容	年龄分段/岁	合计		男性		女性	
		样本量/人	比例/%	样本量/人	比例/%	样本量/人	比例/%
使用交通工具	合计	7200	7.9	3477	6.2	3723	9.6
	年龄						
	60~69	4219	4.5	2137	3.3	2082	5.6
	70~79	2429	9.8	1089	7.8	1340	11.4
	≥ 80	552	25.8	251	23.1	301	28.1
	城乡						
	城市	3729	5.8	1699	5.0	2030	6.5
	乡村	3471	10.3	1778	7.3	1693	13.3
出家门	合计	7220	4.6	3482	3.8	3738	5.2
	年龄						
	60~69	4222	2.6	2140	2.2	2082	2.9
	70~79	2436	5.4	1088	4.5	1348	6.1
	≥ 80	562	15.6	254	14.0	308	17.0
	城乡						
	城市	3733	3.2	1704	2.9	2029	3.5
	乡村	3487	5.7	1778	4.4	1709	7.3

数据来源：全球老龄化与成人健康研究（SAGE）（2010~2016）。

1.3 老年用户心理特征分析

1.3.1 感知特征研究分析

一般情况下，人的感知可具体分为视觉、听觉、触觉、味嗅觉。

（1）老年人视觉感知

老年人随着年龄的不断增长、生理机能的衰退，视觉系统会发生各种退行性改变，具体表现为老年人眼组织结构的改变。眼部结构的变化，会使老年人的视觉系统存在以下特征：明、暗视力降低；视野变小，景深感觉减弱；颜色的区分能力衰弱；物体、图像辨识度下降。当然，除了由于视觉器官退化以外，老年人眼部发生各种生理性病变，如白内障、青光眼、视网膜动脉硬化症、视网膜变性症、视神经萎缩等各种老年人病也会导致老年人视力下降，视知觉衰退。

（2）老年人听觉感知

语言听觉是人类特有的听觉。在 50 岁以前，具有正常听力的人，语言辨别和理解能力具有一定的稳定性，以后便逐渐减退。例如，对于一个 80 岁的老年人，言语辨别能力可能有 25% 的损失。人们分辨语音，有赖于语音中的辅音成分，而辅音成分常常是高频的。由于老年人的高频音明显受损，影响了他们对语音的分辨。在噪声环境下，这种语言分辨困难表现得更为突出。此外，在语音频率保持不变时，只增加声音的强度，音高也随之发生变化。

不可否认，听觉器官和人体其他器官一样，随着年龄增长而不断老化，老年人在听觉方面有回归现象。中国第四次卫生服务调查显示，29.3% 的老年人听力下降，7.3% 的老年人很难听清楚，22.0% 的老年人需要别人提高声音讲话才能听到。农村老年人存在听力下降的比例（31.6%）高于城市（25.2%），具体如表 1–10 所示：

表 1–10　中国老年人群听觉感官功能障碍状况（%）

	障碍类型	合计	城市	农村
听力	听力下降	29.3	25.2	31.6
	很难听清楚	7.3	6.4	7.8
	需要提高声音	22.0	18.8	23.8
	说话有困难	14.5	13.7	15.0

数据来源：卫生部统计信息中心 .2015 年中国卫生服务调查研究第四次家庭健康询问调查分析报告 [M]. 北京：中国协和医科大学出版社，2016.

总而言之，老年人在听觉方面存在回归现象，主要表现在对高频率声音的听力衰退、耳聋和耳鸣三个方面。老年人听觉的下降会影响到老年人跟其他人正常的沟通交流、安全便捷地使用带有语音提示的各种家电产品，进而使得老年人容易产生焦虑、孤独感等负面情绪。

（3）老年人触觉感知

老年人的触觉主要表现在三个方面：温度觉、触觉和痛觉。因神经系统衰退和机体细胞退化，老年人的触觉变得迟钝：对压觉感受力弱，对冷热温度反应缓慢，对疼痛的反应时间增加，触觉定位准确性差。由此，老年人随之容易产生一些心理情绪、焦虑孤独等。故在设计老年产品时，不仅要在生理上进行适老化的设计，同时也要注重人文情感设计。

（4）老年人味嗅觉感知

在老年痴呆症（简称 AD）的早期阶段即存在嗅觉的减退，甚至嗅觉的损失要比老年痴呆症的典型症状出现得更早。由于老年人的嗅觉神经已经逐渐退化，加之呼吸系统的衰竭速率较高，因此，对日常居住及生活区域的气候、空气质量以及动植物的气味较为敏感。

研究显示，由于各年龄段老年人的生理机能有所差异，其味觉丧失的程度也有所不同。统计资料显示，老年人感受咸味的能力丧失最多，然后依次是苦味、酸味、甜味。老年人味觉的退化，也促使老年人味觉感知层面出现人老口重的生理现象。此外，由于老年人消化器官的容积量变小，消化功能逐渐减弱，老年人通过尝味来辨别食物时，反应速度与生理信号接收时间较为缓慢。长期性的味觉缺失，也使老年人对某一食物失去品尝的兴趣，常常导致食欲下降和营养不良。

1.3.2 认知特征研究分析

（1）老年人记忆特征分析

随着老年人生理年龄的增加和时间的推移，其记忆点有所下降。心理学家在对记忆与年龄关系的问题研究后认为：假定 18~35 岁人的记忆成绩为 100，那么 35~60 岁人的记忆成绩为 80~85，60~80 岁人的记忆成绩为 65，说明人的记忆随着年龄的增长而有所下降，但下降的比率较小。

心理学研究发现，年龄因素对记忆下降没有多大不利影响，但短时记忆却存在年龄缺陷。老年人的瞬时记忆相比年轻人是差不多的，至于长时记忆，老年人往往对记忆未衰退前所发生的事保持较好，记忆衰退之后的事就不易保持。所以，老年人在记忆广度等各种记忆任务中的表现呈下降态势，并形成该年龄段的三个特点：一是初级记忆的减退少于次级记忆，即老年人对刚看到的事物的记忆保持较好，而对信息组织加工的有效性下降；二是再认活动好于回忆活动；三是意义识记好于机械识记，例如老年人对地名、楼号、数字的记忆效果就不好。

老年人记忆减退还与记忆材料的性质和难度有关。有研究结果显示：老年记忆的减退可能是信息编码储存和提取困难相互作用而造成的。老年人对过去与生活有关的事物或有逻辑联系的内容记忆较好，而对生疏的或需要机械记忆或死记硬背的内容记忆较差。

（2）老年人思维特征分析

人的思维能力是其对客观事物认知能力的体现。老年人的思维认知存在以下两个层面的表征：一方面，老年人的思维能力随着年龄的增加呈现出不断下降的趋势，思维的灵活性及推理能力也有所下降，形成概念的过程要更长，更容易出现错误。因此，老年人更难学习新知识、把握新事物，这导致老年人在评价和处理事务时，往往容易坚持自己的意见，不愿意接受新事物、新思想，很难正确认识和适应生活现状。另一方面，老年人的思维易形成定式，不够灵活，对于老旧的观念不能跟随时代发展得到及时的更新，这样便限制了他们解决新问题的方式，也因此，他们在处理新事物的时候总是习惯性地依赖于以往的使用经验、认知习惯与知识结构。在这样的情况下，一旦问题与既有经验不符，就无法做出优势决策。

（3）老年人情绪特征分析

老年人在社会及家庭角色中的变化直接影响其对自我价值的困惑。退休或丧偶这些角色改变，让老年人越发减少自己在社会及家庭中的存在感。心理学研究发现，老年人的心理特质是由个人的社会生活环境和社会化实践等因素共同影响而形成的，这种心理特质具有稳定性。老年人的工作状态、文化水平、身体状况、经济条件和婚姻状态等均会影响老年人人格特质的发展。

（4）老年人情感特征分析

生理状态的改变，一定程度上刺激着老年人的心态，从而使得老年人产生一些负面情感。其所面临的负面情感主要有以下几种类型：缺乏安全感和存在感、存在孤独和失落心理、产生抑郁和焦虑心理、出现怀旧心理。

1.4 老年用户原型构建

1.4.1 以行为为导向的用户原型构建

以行为为导向的用户原型构建主要从行为活动类型、行为活动领域、行为活动特征三个层面展开。下面以适老化多功能床为例，分析老年人行为流程。

（1）老年用户行为活动类型

老年用户行为活动类型一般分为必要性活动行为、自发性活动行为和社会性活动行为。必要性活动行为是指老年人生活中每天发生的行为活动，一般包括吃饭、睡觉、如厕、沐浴等。自发性活动行为的发生则需要满足一定的条件，首先是老年人主动要求发生的行为，进而室内空间中能够提供该行为所需要的场所，例如打牌、跳舞、看电视等。社会性活动行为是指处于同一空间中才可能发生的较大型活动行为。这不仅需要活动的空间，还需要其他老年人共同参与，如文艺演出、读书演讲等公共性活动。

（2）老年用户行为活动领域

老年用户行为活动领域会受到环境、活动空间场地、身体状况、思想观念等多因素的影响。行为活动领域根据参与者的数量以及活动类型可分为个人活动领域、私密活动领域和集体活动领域。

个人活动领域，属于个人且不会受到外界干扰的独立空间。私密活动领域，一般为具有共同爱好或行为的老年人进行组队活动的空间。集体活动领域，由集体活动所产生行为的领域空间，该活动领域能够增强老年人交往沟通的机会，从而淡化交往中的距离感，增加亲近感。

（3）老年用户行为活动特征

老年用户的行为具有长期性、规律性、向暖性、私密性和聚集性等特征。由于老年人退休后生活方式发生改变，他们可进行一些具有长期性和规律性的任务，如坚持散步、按点就餐等。

以适老化多功能床为例，根据调查，对于行动不便的老年人，除了睡觉和需要休息外，适老化的多功能床可以帮助他们更容易做一些事情。对于适老化多功能床的直接使用者，他们主要关心的是床的舒适性。当有自主操作时，由于活动的强度、范围受限，因此，老年用户动作较慢，反应较慢。

对于老年用户的照顾者和亲属等间接用户，他们的行为处于正常水平，但仍有许多方面需要考虑，包括人的内在特征、行为特征和感知认知特征等，亟待进一步研究。由于适老化多功能床包含众多功能，使用过程也较为复杂，具体使用中用户操作行为总流程、上下床流程依次如图 1-2、1-3、1-4 所示。

1.4.2 以心理为导向的用户原型构建

通过访谈和观察，我们可以结合老年用户操作过程总结主要用户心理模型，以帮

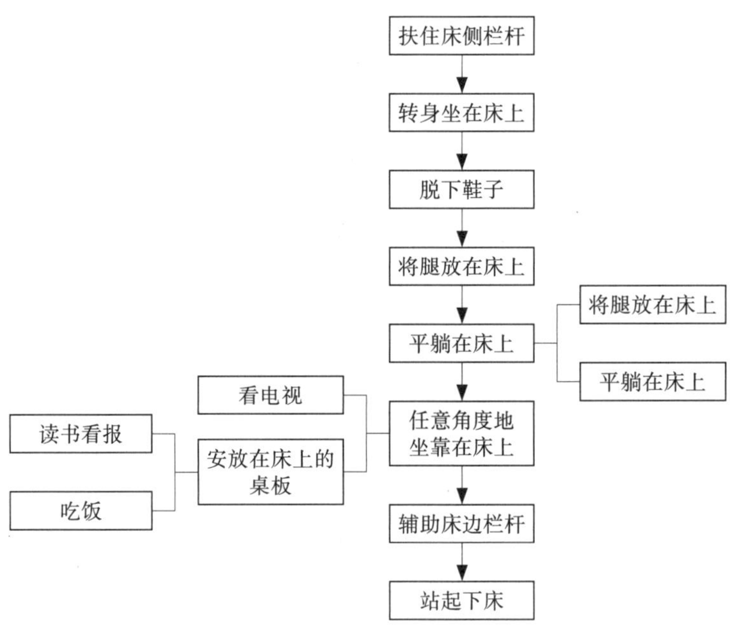

图 1–2　适老化多功能床用户操作行为总流程

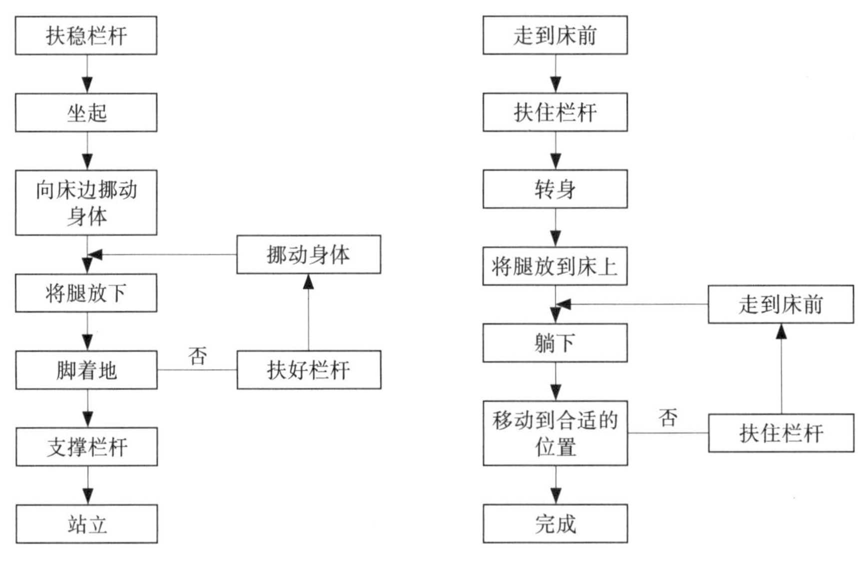

图 1–3　老龄用户下床的行为流程　　图 1–4　老龄用户上床的行为流程

助分析老年用户的潜在需求并改善用户体验。用户操作产品时，他们希望产品能够提供操作和评估指导，并有助于实现用户的意图以及帮助用户制订操作计划。当用户面对不熟悉的产品时，他们的操作方式依赖于他们过去的经验和感知。例如蜂鸣器具有提醒功能，持续闪烁的灯光还具有提示和警告功能。复杂产品的操作需要学习和熟悉。对于用户来说，舒适的操作方式应该是连贯的，并且在这个过程中能够确保视觉、思维和运动的统一。

针对适老化多功能床产品，以心理为导向的用户原型具体如表 1–11 所示。

表 1–11　适老化多功能床以心理为导向的用户原型建构

动作	思维	心理变化
老龄用户躺在床上	老龄用户走到床边想找到一个支撑的物体做辅助，希望先稳稳地坐在床上，然后借助床板和支撑物躺在床上，并希望有人在旁边帮助	希望能够自己完成整个动作。如果发现力所不能及，则会寻求他人帮助，并在行动过程中产生紧张心理，害怕这一过程给自身带来二次伤害
老龄用户在床上坐起	身体活动不方便或者自己无法完成坐起动作，想要借助外力帮助自己坐起，并且不希望腿部一直保持平放的姿势	长时间地保持一个动作，老龄用户的心里会十分烦躁，也希望能像正常人一样坐起。长时间腿部平放的坐姿会让人厌烦
老龄用户起身下床	老龄用户需要寻找到可借助的外力，先坐起来，然后自己或是在帮助下把腿挪到床下，此时在确定了能够顺利站立时，才会站起。如果不能，会选择依靠双拐或是轮椅	在下床前，老龄用户往往需要进行简单的心理建设。如果有伤口或是疼痛部位，则更加希望简化整个动作以减缓痛苦。侧坐在床上时，在等待双拐或是轮椅的过程中，可能会感到疲劳，想要寻找依靠的部位。上下床是个复杂的过程，老龄用户希望尽量减少该动作次数

第二章

中国特色居家养老需求挖掘

2.1 居家养老需求的基本概述

2.1.1 居家养老的概念界定

20世纪70年代末，中国香港率先引入居家养老这一概念，鼓励老年人以家为核心，在社区内享受养老服务。从80年代开始，中国民政部在全国范围内掀起社区服务之风，社区服务的日益完善为各地开展居家养老服务打下良好的基础。目前，国内学术界对居家养老的认识基本相同，但由于具体服务内容的不同，在居家养老的内涵和外延上有所差别。

综合国内各领域专家学者观点，结合现阶段国家养老政策的实际情况，本研究对居家养老做出如下定义：居家养老是以家庭为基础、社区为依托、机构为补充、医养相结合为总目标，运用现代信息技术搭建政府、社会机构、社区、家庭和个人的综合养老服务体系，为老年人提供一站式的养老服务。

2.1.2 居家养老需求的现状分析

学术界对于居家养老需求的内容方面主要有三种观点：一是较早提出的，以满足老年人在居家生活中基本的物质需求为根本目的，以解决老年人在生活中所遇到的经常性困难为宗旨；二是以第一种观点为基础，将老年人居家生活中的精神需求与物质需求相结合，提供较为全面的养老服务；三是更加注重以人为本，强调服务项目，以老年人居家生活中的各类需求为出发点，提供菜单式服务。

基于此，本研究综合上述关于居家养老需求的三种学术观点，以 ERG（生存—关系—成长）需求理论模型为理论基础，结合我国当前的养老政策，将老年用户需求的主要内容综合归纳为满足老年人在日常居家生活中的刚性需求与辅助需求（见表2-1）。其中，刚性需求指的是满足老年人日常生活的基础性需求，主要包括老年人生理层面的机能需求，以及老年人生活层面的医疗安全需求；辅助需求指的是满足老年人日常生活的补充性需求，主要包括老年人情感层面的社交关系需求与个人价值表现需求。在对我国老年用户需求的主要内容进行总结之后，本研究组制定了“我国老年人居家养老需求调研问卷”（详见附录 1）。根据问卷调查数据统计结果，我们将进一步开展我国老年用户需求的系统分析。

表 2-1　需求理论与居家养老需求的内在关系

需求理论		居家养老需求		
马斯洛需求层次理论	ERG 需求模型	需求类别	国家政策	主要内容
自我价值实现的需求	发展需求	辅助需求	老有所为	尊重需求
尊重需求			老有所学	求知需求
情感需求	关系需求		老有所乐	社交需求
				娱乐需求
安全需求	生存需求	刚性需求	老有所医	安全需求
生理需求			老有所养	生理需求

2.1.3 居家养老需求的主要内容

对老年人而言，安全需求排在居家养老刚性需求的首位，主要表现在食品、医疗和出行安全三个方面。

民以食为天，老年人的食物具有特殊性，通过对饮食习惯的严格要求来保证自己的身体健康。由于牙齿脱落无法正常咀嚼，口腔肌肉协调性降低，老年人会面临吞咽困难的问题，进食后会呛咳或哽噎。由于唾液分泌减少，消化功能退步，老年人难以获得食物中的营养，易发生营养不良的问题。此外，由于视觉、味觉、嗅觉等感官的灵敏度降低，老年人易误食变质食物。

在医疗方面，老年人在生病后希望能够得到有效、及时的治疗，有人陪伴并且指导他们运动康复来保证健康。由于年龄增长，老年人的免疫力和恢复能力都有所下降，且常常存在多病共存、并发症多的特点。老年人常常需要服用多种药物，由于视力衰退，记忆力下降，且药物的使用说明字体较小，难以辨认，错服、多服药物的情况在老年人中时有发生。

出行方面的稳定性同样是安全需求的一种表现。由于运动机能下降，腿脚各个关节开始不灵便，老年人常常难以自如地出行。平衡能力下降，光滑的地面以及不合身的衣物会增加老年人跌倒的概率。因此，老年人需要借助辅助产品来出行。顺利、安全地行动对于老年人不仅是生理安全需求上的满足，也促进了老年人与社会的交流，为老年人的情感化需求满足做了铺垫。

老年人居家养老中的辅助需求，主要包括社交需求、娱乐需求、求知需求、尊重需求四个方面。

2.2 老年用户的居家养老需求挖掘方法

2.2.1 访谈法

访谈法是由调研者依据研究目的制定提纲，并依据提纲和受访者以面谈的形式，了解受访者感受的一种方法。面谈既能单独面谈，也可集体面谈。访谈法的优势是它能帮助调研者较为系统和深入地挖掘用户的想法和需求。访谈法是一种灵活的调研方法，调研者可根据具体情况实时调整访谈策略，受访者和调研者能产生较多的互动。但是，访谈法只能得到定性结果，无法进行精确的数理计算分析，因此，常常与实验法、问卷法等定量方法一同使用。

在前期准备阶段，需要对被访谈的老年用户的基本情况有大致的了解，并结合访谈目的制定访谈提纲。在访谈的执行阶段，应营造轻松的环境，并真诚、耐心地与老年人沟通，引导他们说出自己的想法。访谈的问题应由浅入深，让老年人有适应的过程。在得出访谈结论时，应该立足老年用户，去思考其描述和建议背后的诉求（见图2–1）。

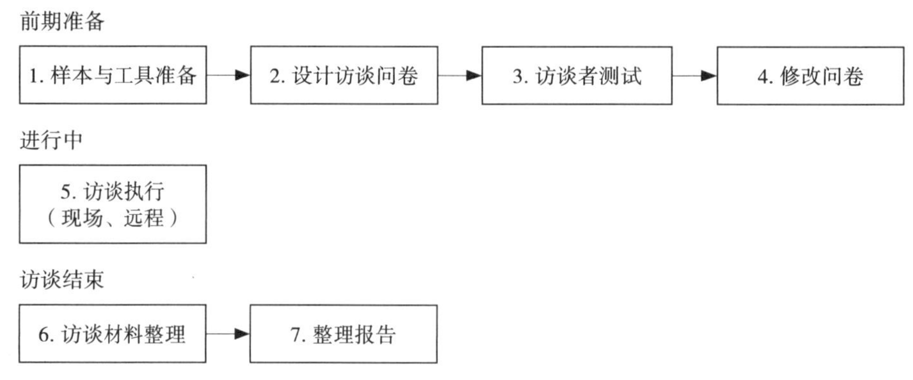

图 2–1　访谈法在居家养老需求挖掘中的应用步骤

2.2.2 观察法

观察法是在学术研究中应用得非常广泛的方法，通常指调查者通过耳闻目睹收集和积累具体、生动的感性调查资料的方法。观察法的优点在于成本较低，且具有目的性和可重复性。但是，观察法依赖观察者的感官，因此观察的结果可能不够精确，需要借助观察工具和记录工具。在运用观察法挖掘老年人需求的过程中，得到的资料是定性描述，较为琐碎，不易分类和编码。为了提升效率，需要在前期尽可能地做好观察规划，使观察、记录和整理能够高效完成。

2.2.3 问卷调查法

问卷调查法是对访谈法和观察法的补充。它能将访谈法和观察法得到的定性结果转化成标准化的语言，并且在较大的范围内发放，以获得更为全面、客观的结果。问卷调查法得到的结果是定量的，可以借助分析工具进行一些更为深入的分析，得到更为深入的结论调查（见图 2–2）。

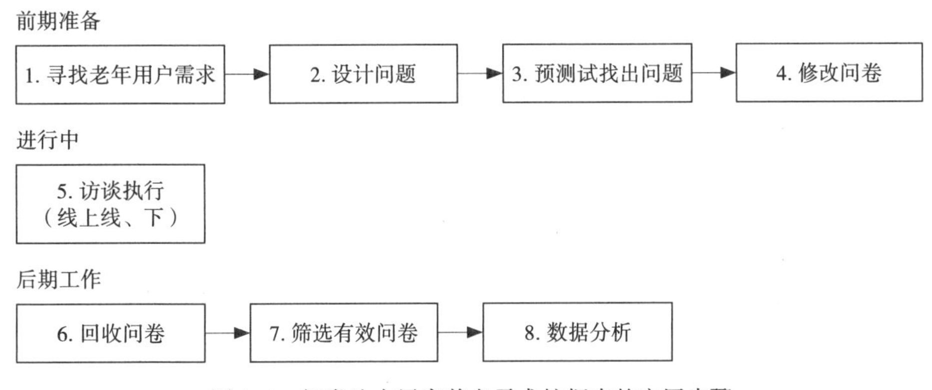

图 2–2　问卷法在居家养老需求挖掘中的应用步骤

2.2.4 网络调查法

网络调查法是一种随着网络事业发展而兴起的调查方式。它是由市场调查者将需要调查的问题制作成系统的问卷，然后通过网络传给被调查者，由被调查者自己填好后发回的一种调查形式。研究者还可以利用其专门的调查网页，发起类似于网上投票的调查。利用网络进行调查有很多优势，如辐射范围不受限制、速度较快、能及时反馈信息等。在网络问卷中研究者可以将设计案例设置为动态，为被调查提供更加直观的用户体验。但网络调查法存在的主要问题是被调查者身份的单一性，也就是说，由于目前网络使用者大多是年轻人或者科技工作人员，所以调查结果会出现一定的局限性。

2.2.5 测试法

测试法是一种直接调查法，是通过研究对象的实际使用寻找痛点或需求。用测试

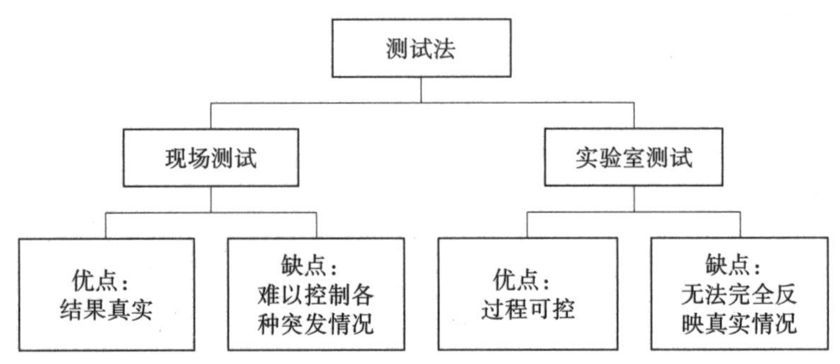

图 2-3　测试法的类别与优缺点

法挖掘老年用户的需求需要研究人员实时、准确地对老年用户在测试过程中发现的问题进行记录、测定，在测试结束后对老年用户进行访谈，了解其使用感受，结合问题进行深入分析（见图 2-3）。

测试法的优势在于结果较为客观真实，能直观地了解老年用户的需求与问题；劣势是需要耗费一定的人力、物力，且对研究人员的观察能力、反应能力有一定要求。基于测试环境的不同，测试法可分为现场测试和实验室测试。

2.2.6 KJ 挖掘法

KJ 法又称亲和力图法、卡片法，它是由日本东京工业大学的川喜田二郎提出的一种质量管理工具，KJ 是他姓名的英文缩写，主要是从产品本身出发的分析方法。KJ 法的使用过程需要以大量资料为基础，依据资料的相似程度进行归类，在不同的类目中分别找到对应的解决方法。其基本操作程序主要包括确立主题、情报收集、纸片制作、编组分类、绘制 KJ 图、文档总结六个环节（见图 2-4）。

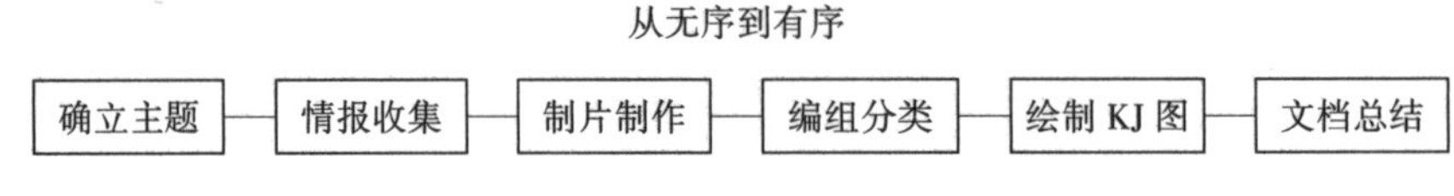

2-4　KJ 法基本操作程序缺点

具体到对老年用户的需求挖掘，“确立主题”阶段旨在确立研究所要达到的目标和主题，即挖掘老年用户的需求目标；“情报收集”阶段即通过行为观察法、用户访谈法、问卷量表统计等形式，尽可能收集所有的情报，内容涵盖老年用户的行为能力、认知特点、生活习惯等，并整理成精炼的短句、短语，使其语言标准化；“纸片制作”

阶段需要将收集到的每条情报（需求信息）制作成纸片，每张纸片代表一条老年用户的情报，然后多次打乱纸片；“编组分类”阶段将打乱的纸片按照相似度进行分类、编组和命名，并将新的编组打乱，再次分类、编组和命名，反复进行上述步骤，直到所有纸片都无法编入任何一组；“绘制 KJ 图”阶段把各编组进行排序，排序的依据是受访老年用户对该编组内纸片信息的满意度，然后用可视化地图的形式记录各组之间的关系，如因果、对立、相等、包含等关系；最终，“文档总结”阶段根据上述步骤的输出结果，总结受访老年用户对产品的真实需求，根据各组别之间的联系，结合设计师对产品的理解与认知，撰写研究文档加以总结，具体步骤如图 2-5 所示。

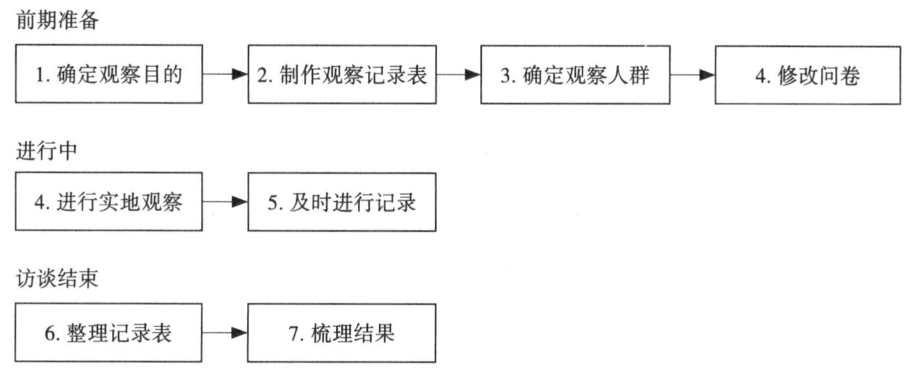

图 2-5　KJ 法在居家养老需求挖掘中的应用步骤

2.3 基于需求层次理论的居家养老需求挖掘

2.3.1 以生存需求为导向的居家养老需求分析

ERG 需求模型提出了三种基本的人类需求，其中一种是基本生存的需要。生存的需要实际上等同于马斯洛需求理论中的生理和安全要求。

（1）行为需求分析

针对老年人肌肉骨骼等体态老化问题，本研究通过分析老年人体态衰退的生理现象，总结出老年人居家养老活动中生理需求层面的行为需求，归纳出相应的产品适老化设计策略。

人体老化后，肌肉的力量和耐力都会减退，脊椎骨会收缩而变矮，关节硬化易摔倒，极易造成骨折，引起行动不便。为了让老年人活动的空间更大，在老年人居住的室内和常去的地方，需要设置无障碍和安全防护设施，以此增强居家行动的安全性。

目前，老年人卫浴的设计经常利用老年人辅助产品来解决老年人在洗浴上的问题。因此，老年人辅助产品的设计应考虑三个方面：产品的材料、造型结构和操作方式。老年人辅助产品的材料选择要考虑三个方面：抗老化性、轻量化和对老年人健康的影响。选择抗老化性较好的材料，可以确保产品的耐用性。质量较轻的材料，可以减少老年人在操作过程中的体力消耗。无毒环保的材料不会对老年人的身体产生危害。地面和一些必要的墙面材料都要选择防滑材质或者材料需要经过防滑处理，避免老年人因摔倒而对其身体造成伤害。

鉴于产品结构安全性的考虑，老年人辅助产品的结构必须简单、稳定、坚固，不得暴露在外表面，以免刮伤老年人。产品的形状应尽可能平滑，以避免尖锐外形对老年人造成意外伤害。操作模式的安全性主要考虑到产品的包容性。老年人的操作往往会犯错误，避免和纠正错误操作也不容忽视。通过找出老年人操作过程的失误点，我们可以减少操作过程中可能出现的不利因素，并对操作动作加以适当限制，有效地避免误操作。提供撤销功能和及时提示与反馈功能，可以及时挽回操作失误带来的后果，减轻使用过程中的压力。

（2）感知需求分析

针对老年人各项感知器官的衰退，本研究从人的五感出发，即围绕老年人视觉、听觉、触觉、味觉、嗅觉等感知觉器官的衰退，总结出老年人居家养老活动中生理需求层面的感知需求，并归纳出相应的居家养老产品适老化设计策略。

① 视觉感知需求。老年人在光线较弱的居家环境中难以清楚辨物，所以在操作时应该有充足的光线照明。随着年龄增长，视网膜上视觉感受细胞逐渐凋亡，视网膜的光敏性逐渐降低，使得老年人难以感知物体的细节以及色彩。因此，老年人的日常阅读会很麻烦，所以在设计老年人使用的产品时，需要设计合适的字体和颜色。例如，产品的界面设计应采用对比度较强的色彩，大色块的按钮和不同的颜色有助于老年人辨别按键；符号和图案尽可能不使用强反光材料，文字内容应尽可能通俗易懂。此外，老年人在环境空间及公共场所中评估物体的大小、空间关系和移动速度时经常会出错或发生意外。

② 听觉感知需求。老年人的听力会随着年龄的增长有不同程度的下降，经常发

生耳背、重耳、对高频率的声波反应不灵敏的现象。研究发现，听觉系统的正常老化存在性别差异：男性听力下降早于女性，为老年人设计的产品一方面应该尽量提供音量控制，如图 2–6 所示的音量扩大照片电话，适用于不同的听力；另一方面为老年人所设计的产品在选择语言的音色上应该尽量使用与环境音对比的声音。听觉衰减会直接影响语音感知和理解能力，导致老年人容易被噪声影响，给老年人的交流带来困难。这给老年人带来了恐惧和疑虑，更严重的是可能导致孤独感和寂寞感，也可能伴随情绪上的痛苦。对此，一方面，可采用音乐或语音提示，如图 2–7 所示的手机，在拨打电话的时候提供语音提示的功能；另一方面，提供除了语音提示以外的多种方式，减少产品使用过程中产生的噪声，缓解老年人在使用过程中的听觉压力。

图 2–6　音量扩大照片电话

图 2–7　音量扩大照片电话

③ 触觉感知需求。随着年龄增长，老年人的触觉会逐步下降。老年人的触觉退化包括触觉迟缓和触觉定位能力退步两个方面。触觉会随着年龄增长变得迟钝，脚趾的触觉较手指的触觉更迟钝。除了年龄增长导致触觉感知下降之外，老年人手指的皮肤也会逐渐萎缩变得粗糙，触感敏感性降低。可以通过增加按钮的面积，确保老年人使用产品的操作准确性；同时，在选择和确定产品的一些物理属性，如产品表面的硬度、温度、湿度和黏度时，考虑触觉的适应性。产品按键的材料质感是老年人紧急呼救产品设计中的重要考虑因素，也可以采用多通道补偿的方式用其他感官替代触觉感官。

④ 其他感知需求。老年人的味觉随着年龄增加不断退化，更喜欢重口味的食物，这样才会觉得有味道。但是，在老年人自己无意识的情况下，他们向身体输入含盐量、糖量等过多或者变质的食物会使得身体出现内分泌紊乱等症状，发生各种疾病。另外，由于嗅上皮细胞数量减少，老年人的嗅觉灵敏度降低，嗅觉减退。研究表明，人类识

别嗅觉的能力从青年时期开始每22年减少一半。因此，居家养老产品应该有食物监测功能，避免老年人产生因为“误食”而带来的危险。

针对老年人随着年龄增大，其感觉器官功能随之下降而带来的问题，基于用户感知需求的产品设计点如表2-2所示。由于关于老年人味嗅觉感知需求的产品相对较少，所以表2-2只涉及视觉、听觉及触觉三个感知需求的产品设计点。

表2-2 基于老年人感知需求的设计模块

老年人感知需求	相对应的设计模块
视觉	物理（硬）界面、数字（软）界面、外观（色彩、造型）
听觉	扬声器、麦克风、提示音
触觉	按钮、拉把、扶手、材质

（3）认知需求分析

针对老年人精神层面神经、免疫系统的衰退，本研究围绕老年人的认知与记忆，总结出老年人居家养老活动中生理需求层面的认知需求，并归纳出相应的居家养老产品适老化设计策略。

老年人的神经中枢系统随着年龄增长逐渐衰退，学习速度跟不上神经中枢系统衰弱的速度，认知和实践活动因此明显减少。所以，在日常生活中，老年人在使用家用电器时会出现许多问题。例如，智能滚筒洗衣机有许多功能键，由于老年人的机械识记能力严重下降，短期记忆明显减少，容易出现不会使用的情况。因此，设计时应该删除冗余功能，简化处理产品的使用功能。然而，现有的大多数家用电器在设计时并未考虑这些因素，这会让老年人在使用这些产品时感到无从下手。

（4）安防需求分析

由于老年人身体机能下降，他们通常不能快速感知或者无法感知到家中的危险信号，因此，一些家用产品应具备监测家庭环境中某些安全隐患并报警的功能，如气体泄漏、漏水、短路等，以确保老年人的安全，避免不可预见的情况发生。此外，老年人适应环境的能力会因为年龄增长、新陈代谢下降而降低，体力远远小于年轻人，且恢复体力所需要的时间更长。同时，老年人的大脑承受负荷的能力下降，各种组织系统老化，免疫功能降低，导致身体机能衰退，使得老年人易患各种疾病，带来安全隐患。根据以上分析，设计老年人产品时，应注意操作便捷性、安全性及舒适性，避免有操作过度或者脑力活动过度的设计，尽可能将一些老年人常用产品按通用化设计原则进行设计，满足大多数老年人的使用需求。

（5）医疗健康需求分析

解决养老问题的关键因素之一就是实现“老有所医”，所以，我们必须了解老年人群的健康保健需求。下列 12 项已有或新兴的健康保健服务项目，需求较高的分别是定期检查和健康咨询，分别占到了 71.3% 和 60.3%，而需求较少的项目，例如精神慰藉与心理咨询、陪同看病和临终关怀等，都是传统意义上家庭层面可以提供的，分别只占到 37.3%、36.0% 和 28.3%（见表 2–3）。

表 2–3　2017 年老年人健康保健服务情况

排序	健康保健服务项目	人数	百分比 /%
1	定期检查	214	71.3
2	健康咨询	181	60.3
3	健康状况实时监测	167	55.7
4	上门看病、送药	160	53.3
5	健康教育	147	49.2
6	自助呼救设备	137	45.7
7	慢性病管理	129	43.0
8	医院陪护	120	40.0
9	健康档案	115	38.3
10	精神慰藉与心理咨询	112	37.3
11	陪同看病	108	36.0
12	临终关怀	85	28.3

数据来源：中华人民共和国民政部（MCAC），《社会服务业发展统计公报（2016）》。

中国老年人口的学历主要是小学和初中，导致老年人的健康素养和技术接受度较低。调查显示，老年人对健康服务保健的需求会随着文化程度增高而变多。例如，文化程度较高的老年人会比较注重“健康状况实时监测”与“自助呼救设备”项目，慢性病老年人对于“慢性病管理”“健康咨询”和“定期检查”等项目数据的需求明显高于健康老年人。

在对健康保健服务的需求方面，老年人需要的是“定期检查”和“健康咨询”项目，主要因为检查和健康咨询与所有老年人群的关系最为密切。关于“慢性病管理”和“上门看病、送药”这两个项目因慢性疾病在中国的流行趋势和老年人身体机能退化导致的行动不便，将会保持持续上升趋势。然而，对“精神慰藉与心理咨询”“陪同看病”和“临终关怀”有需求的老年人较少，大多数老年人认为家庭生活就可以带来精神慰藉，这一想法主要由于中国传统的养老模式是家庭养老。

部分老年人需要时间来接受由社会提供的这方面的特殊服务。需要指出的是，老年人对移动医疗技术，如“健康状况实时监测”等有较高需求。这是因为老年群体已经开始认可作用于养老范畴的移动健康等服务项目与终端。就上述 12 项健康服务需求而言，社区卫生服务机构是老年人的首选，养老院和私人卫生机构需求率仅为 7%（见表 2-4）。

表 2-4　2017 年老年人健康保健服务获得途径

排序	希望获得途径	人数	百分比 /%
1	社区卫生服务机构	159	52.8
2	大型综合医院	95	31.6
3	家庭医生	26	8.6
4	养老院	19	6.3
5	私人卫生机构	2	0.7

数据来源：中华人民共和国民政部（MCAC），《社会服务业发展统计公报（2016）》。

养老的医疗健康需求主要包括社区医疗保健服务需求、养老医疗上门服务需求、定期访问家庭护理服务三部分。

2.3.2 以关系需求为导向的居家养老需求分析

ERG 需求模型中的关系需求与马斯洛需求层次理论中的情感需求相似。所谓关系需求，即指人们为了和他人保持重要的人际关系而产生的一种需求。对老年人而言，在居家养老生活中，主要包括普通的人际交流、社交关系的沟通、参加娱乐活动等。人际互惠和人际吸引是人际交往需求的影响因素。

通过对老年人生活中产生的情绪状态、生活动机，以及与家人邻里关系的访谈与调研，结合 ERG 需求模型，本研究指出，日常活动中的关系需求是以满足“老有所乐”为总目标，主要体现在老年人的社交需求与娱乐需求两个部分。具体而言，社交需求是指老年人在居家生活中，与亲人、朋友、邻里相处过程中产生的情感需求。通过语言沟通与行为交流，可以缓解居家生活中产生的孤独、焦虑、紧张等负性情绪，主要表现为亲情需求和交往需求等精神类需求；而娱乐需求是指老年用户居家养老生活中的各类老年文娱活动，主要表现为益智游戏需求、外出旅行需求、文艺表演需求等具象性需求。

（1）社交需求分析

该项研究以随机抽样的方式选择调查对象。调查主要围绕老年人的日常关系需求展开，分别对南京市玄武区孝陵卫街道三个社区进行问卷调研与访谈。受访者共计40人，在具体分析时，随机抽取18位受访者，其中男性9人，女性9人，平均年龄为73.44岁。受访者基本信息见表2-5。

表2-5 问卷调研受访者信息汇总

编号	性别	年龄	婚姻	居住方式	文化程度	生活满意度
M1	男	78	丧偶	与子女同住	初中	非常满意
M2	男	74	已婚	与子女同住	高中	基本满意
F1	女	70	已婚	夫妻同居	小学	非常满意
M3	男	69	已婚	夫妻同居	大专以上	基本满意
M4	男	65	已婚	夫妻同居	大专以上	比较满意
F2	女	60	已婚	夫妻同居	本科	非常满意
M5	男	80	丧偶	住养老机构	小学	比较满意
F3	女	73	丧偶	独居	高中	基本满意
M6	男	75	已婚	夫妻同居	高中	非常满意
F4	女	77	已婚	夫妻同居	小学	比较满意
M7	男	78	丧偶	独居	小学	基本满意
F5	女	80	已婚	与子女同住	小学	比较满意
F6	女	72	丧偶	独居	初中	基本满意
M8	男	84	丧偶	住养老机构	大专以上	基本满意
F7	女	70	丧偶	独居	初中	比较满意
F8	女	62	已婚	夫妻同居	大专以上	非常满意
M9	男	75	已婚	与子女同住	小学	比较满意
F9	女	80	已婚	与子女同住	初中	非常满意

通过分析问卷调查结果（见表2-6），我们主要针对社交需求，从亲情与交往两方面进行阐述。亲情需求主要由配偶、子女、亲属和其他家庭成员满足，是指基于血缘关系和婚姻关系的老年人产生相互支持、相互关爱的需求。交往需求的概念涉及社会关系网的建立，即老年人在与朋友交流时，进行消息互通以及互相提供支持和帮助。因此，现阶段的适老化设计为了满足老年人在居家养老活动中的社交需求，已经推出

具有智能化服务信息系统的老年手机，用于老年人的情感维护。

表 2-6 问卷调研需求信息结果汇总

需求类型	组成部分	具体表现	提及人数（18人）
关系需求	社交需求	亲情需求	18
		交往需求	16
	娱乐需求	游戏需求	14
		旅行需求	12
		文艺需求	12

（2）娱乐需求分析

老年用户在居家养老生活中产生的娱乐需求，主要包括游戏需求、旅行需求及文艺需求三个方面。其中，游戏需求主要指的是老年人在居家养老生活中对棋牌类益智游戏活动的需要，旅游需求指的是老年人对走出家门开展更多活动的需求，文艺需求则是指老年人对文艺类作品欣赏和鉴赏的需求。因此，现阶段的适老化设计将信息交互设计与产品情感化设计相结合，旨在提升老年人娱乐层面的情感需求，以满足老年人居家养老生活中的综合娱乐需求。

ERG 模型涉及一种“需求受挫”的概念。这种概念意味着在高层次的需求被局限后，低层次的需求会相应增强。正如本章研究所述，在老年人日常生活中，老年人的关系需求尤为突出。当老年用户在开展娱乐与社交活动时，并不仅仅意味着满足自身关系需求，这一过程也同时兼具了对自我价值发展、证明和满足的功能。

2.3.3 以发展需求为导向的居家养老需求分析

老年人的发展需求是在居家养老过程中，满足老年人通过扮演一定的社会角色，继续参与社会发展，以实现自我价值和人格尊严的需求。在获取新知识、看待新事物、积极参与社会活动等方面充实自我、张扬自我和肯定自我的价值需求，体现出老年人追求晚年生活丰富多彩的愿望。在现阶段的居家养老活动中，要鼓励利用新技术、新方法促使老年人更便捷地融入现代社会，进而推动“老有所学”“老有所为”高目标的有效实现。

（1）求知需求分析

老年群体随着人均预期寿命的延长，期待可以跟上社会变革的步伐，具体表现在对知识的需求显现得越来越迫切。根据 2017 年华东地区 2.3 万名老年人专项问卷调查结果，如今除了老年人最关心的事（自身健康）占比为42.5%之外，排第二位的就是国家大事，其占比为18%，最关心国家大事的用户年龄段为60~65岁，比重达到21.4%。2009年，联合国教科文组织曾在维也纳就老年人教育问题展开讨论。在此次讨论会上，人类的终身教育问题被给予充分的关注。此外，大会就终身学习达成共识。若想让老年人在其存在的时代不至于有被淘汰感，必须将教育作为一个重要解决途径。“流水不腐，户枢不蠹”，接受教育可以极大程度上丰富老年人的居家养老生活。不过，其作用不止于此，还可以有效地缓解衰老，同时被作为一种延缓其思维活性的大脑活动。

（2）尊重需求分析

人口统计学专家邬沧萍教授认为，老年人的尊重需求体现在以下两个方面：一方面，老年人将自身过去的成就与社会建设相结合；另一方面，在现实生活中，许多老年人在决策、家庭和社会中发挥着作用。因此，在居家养老过程中，老年人一般通过参与社会义工劳动、社会公益活动或其他经济活动获得满足其追求的“老有所为”的精神需求。这种需求事实上在老年人进行需求满足时属于最高层次的追求，同时也可被视为其社会价值的满足。这样的价值追求活动也会对其生活产生深远影响。

第三章

中国特色居家养老服务模式研究

3.1 养老模式的现状分析

3.1.1 养老模式的研究动态

国内学者对养老问题的研究始于 20 世纪 80 年代中期。近年来，随着中国人口老龄化的加剧，学者对养老问题的研究日益关注，从经济学、社会学、护理学等方面对养老问题进行了细致、全面的研究。综观国内主要文献，学界对养老问题的研究主要从以下几个方面展开。

（1）养老模式的分类

对于养老模式，从不同的角度和研究切入点出发，有着不同的分类方法。依据老年人和谁一起居住生活，养老方式可以分为社会机构集中养老和家庭分散式养老。社会机构集中养老大多是指老年人生活在养老院、福利院、托老所等养老机构，由养老机构提供老年人的生活起居以及医疗康养等服务。家庭分散式养老是传统的养老模式，与子女共同居住或独居家中由子女或自行照护或请人照护，完全依靠自己的家庭来解决养老服务问题。这是目前我国大多数老人的生活状态。近年来，一些研究者以养老责任主体分类，认为养老模式应是家庭、个人、社区、政府“四位一体”的多主体互动养老模式，家庭功能在未来的养老服务中会逐渐弱化，老人在家居住并由社会专业组织机构提供养老服务，即居家养老是未来的主要养老方式。通过调研分析以及资料查询、整理与论证，目前我国现行的养老服务模式以家庭养老、机构养老、社区化养老服务为主体，这是符合我国现实需求的有效模式。其划分的依据是我国现行家庭人口结构、经济情况、社会环境及生活节奏的实际情况，它是根据老年人获得养老照顾资源与依托的来源对养老方式进行的分类。

（2）老年人照料问题研究

通过调研走访发现，由于我国经济、医疗保障条件提高，以及实行计划生育以来家庭独生子女长大成人独立成家，加上老年人与年轻人的年龄代沟影响、生活节奏和生活理念不同，中国现在的家庭结构逐渐变得小型化，空巢老年人及高龄老年人的数量持续增加，以家庭照料模式为主的传统养老服务方式已经无法满足现在养老服务的需求，面临着严峻挑战。如何解决现行老年人的日常生活照料问题，已成为当下养老服务的重点问题。目前，国内对这方面的研究主要集中在以下四个方面：关于中国老年人日常生活照料主要提供者方面的研究；关于养老服务制度性安排的研究；关于社区养老服务体系构建的研究；政府在养老服务中的职责研究。

（3）老年人经济收入水平

国内学者对老年人收入的研究集中在以下三个方面：老年人收入与消费需求的变动分析；老年人收入变化及收入的性别差异；城乡老年人收入差异及收入对养老方式的影响。从调查结果可以看出，我国老年人的收入状况呈现出明显的不均衡结构。老年人作为一个已经脱离工作岗位的特殊群体，其收入来源包括离退休所得、子女供养所得、亲友接济所得、社会帮助所得、兼职所得、投资所得等。根据当代社会消费物价指数和人们的收入水平，可将老年人根据收入水平划分为三个层次：年收入在0~9600元之间的老年人称为低收入老年人；年收入在9601~36000元之间的老年人称为中等收入老年人；年收入在36001元以上的称为高收入老年人。

3.1.2 养老模式的分类研究

综合我国养老动态和学者的研究，我国目前的养老服务模式主要分为家庭养老、社区居家养老和机构养老三种，此外还有其他一些养老方式。

（1）家庭养老服务模式

我国大部分老年人选择的养老方式是家庭养老。这种方式被称为反哺式养老，主要表现是由下一代承担上一代人衣食住行、精神安慰等方面的供养。其经济支撑形式主要是以家庭为单位在代际进行经济转移，实现自我保障功能。

在传统的家庭养老服务模式下，老年人的居住形式主要有老年人独自居住、与子女居住、与配偶居住等，主要特点是分散养老。老年人居住在家里，依靠老年人自己或儿女来满足对物质生活的需要，进行日常生活照料和精神生活慰藉。家庭是人们相互交往、终身依赖的基本形式，也是思想情感交流较充分的场所。无论是传统社会还是现代社会，无论是国内还是国外，老年人都习惯于选择家庭养老。

（2）社区居家养老服务模式

社区居家养老是相对机构养老提出的，它是一种处于社会机构养老和家庭养老之间，与两者既有区别又有联系的养老服务模式，充分利用社区资源进行养老。它的含义是：将家庭作为主要部分，依靠社区服务资源，以社会力量为基础，利用法律政策和制度做保障，以专业性社区服务为主、家庭照料为辅的社会型养老方式。

社区居家养老服务主要是指老年人不脱离所生活的家庭、社区，同时享受社区为老年人提供的各种服务。从居住形态上看，老年人仍居住在家里，但其所需服务绝大部分或全部由社会各方提供。这其中既有走入家门接受的服务，也有走出家门接受的服务；既有免费的，也有付费的。居家养老的主要特点是在老年人不脱离自身家庭这一前提下，为老年人提供专业的上门服务或社区服务。与此同时，老年人子女的赡养义务并不受到影响，其子女仍然会对于他们的晚年生活进行照顾，履行应尽的义务。社区为各种养老服务方式的开展提供了一个可供利用的平台，依托社区开展的各种养老服务活动从本质上说是一种助老服务。

（3）机构养老服务模式

机构养老服务模式中的机构，可以是独立的企业法人机构，也可以是附属于医疗机构、社会团体或组织、综合性社会福利机构的一个部门或者分支机构。我国当前共存在三种类型的养老机构：第一类是公办养老机构，其服务对象必须首先是“三无”老年人、低保、特困等低收入的老年人，向其提供无偿、低偿的供养服务，在此前提下，为社会上的其他老年人提供服务。公办机构在政府编制内享受政府财政拨款，其面向社会的收费所得用于弥补事业发展经费的不足和改善院内重点人员的生活条件；第二类是在民政部门注册的民办非企业性质的养老机构，其服务对象是社会上的广大老年人，但要合理确定收费标准，不能超过绝大多数老年人的经济承受能力和支付水平，收入所得要按照相关规定用于章程规定的事业，不得用于分红；第三类是在工商部门注册的民办养老机构，这种机构属于营利性的企业组织，可以追求利益最大化的目标，但不享受国家对社会福利机构的相关优惠政策。承担福利性社会养老服务的机构主要是公办养老机构和民办非企业养老机构两类。

（4）其他养老服务模式

目前，我国除了家庭养老、社区居家养老和机构养老三大养老服务模式之外，依据服务内容、服务提供方、目标人群等相关要素的差异性，可以归纳整理出我国现行的其他养老服务模式，并对之进行比较。具体见表 3–1。

表 3-1　中国现阶段养老服务模式比较

养老服务模式	服务内容	服务提供方	目标人群	建设经济来源	运营方	监管方	是否营利	优缺点
货币化养老	服务币或现金	社区机构	“三无”、低保、特困、百岁等	政府补助、社会募集	社区（街道）	政府	非营利	老年人自主选择，覆盖率较低
异地养老 基地养老 旅游养老 养老地产	基本医、食、住、娱乐，以及康复治疗等	机构	有经济实力且身体状况良好	收费所得	机构	政府	营利（会员费、押金或按项目收费）	建设和运营成本较高，社会资本参与度不高
以房养老 售房入院 售后回租	养老金或老年公寓、养老院居住服务	机构（金融、保险等）	有房无子女或不愿将房产留给子女的老年人	拍卖房产或租赁房屋	机构	政府	营利	产权制度不完善，法律等不配套
集中养老（农村）	集中供养，居家照料，医疗护理	机构、社区、志愿者	住房拥挤，子女无赡养能力	政府筹集、押金所得	机构	社区、政府	非营利	设施及医疗服务不健全
合居养老	基本衣食住行、医疗和娱乐	机构（合资寻找服务机构）	志同道合且居住环境一般的老年人	自费	—	—	非营利	自发性结合，医疗设施不完善或缺失
医养结合 中医健康养老 中医养生社区	健康管理、医疗指导、长期护理以及日常照料	机构（医疗机构）	部分经济条件好的半失能或患慢性病的老年人	机构（医疗机构）	机构	政府	营利 按不同项目和消费标准收费	服务收费高，服务内容单一；医疗保险政策不完善，养老床位不予报销

续表

养老服务模式	服务内容	服务提供方	目标人群	建设经济来源	运营方	监管方	是否营利	优缺点
理财养老保险养老	保险或理财产品；提供理财方案或规划书	机构	中高收入的中年及低龄老年人	收费所得	机构	政府（证监会、银保监会）	营利咨询费、佣金、投资分红	市场混乱，理财师、顾问等水平参差不齐，老年人接受度不高
企业养老	养老金、基本医疗服务或补助	机构（企业寻求其他养老机构）	本企业离退休人员	机构（本企业）、政府	机构	机构、政府	非营利	服务覆盖面狭窄，服务内容不专业
时间储蓄	日常清洁、护理照料、医疗康复、精神慰藉、急病重病的紧急救援和文化娱乐等	机构（公益性或福利性）志愿者	低龄老年人（参与）、接收有需求的各阶段老年人	社会募集、政府补助	机构	政府	非营利	制度及激励机制不完善，参与度不高，影响服务内容和质量
嵌入式养老、驿站式养老	托管或上门生活照护、衣食住行、医疗健康、心理关注	社区机构	空巢老年人需要护理的高龄、失能老年人	政府补助、收费所得	社区	社区政府	营利按服务项目收费	投入小，老年人归属感强，家属探视方便，机构经营灵活

可以看出，国内现行的养老服务方式大多是对老年人的部分养老需求进行满足，服务对象也具有相应的局限性，但是多样性的养老服务方式对我国养老服务模式的构建有着重要的补充作用。我国养老服务模式的构建问题不能以某个单一模式作为唯一的解决办法，应该是多种养老服务模式相互配合，充分利用社会资源，将多种养老服务方式作为补充，整合到整个养老服务模式的构建当中。

3.1.3 三种养老服务模式的对比分析

（1）养老服务模式的 SWOT 分析

SWOT 分析使用系统的思想，用矩阵的形式将研究对象的内部优势和劣势以及外部机会和威胁列举出来，是一种基于内外部环境和条件的态势分析。它把这些因素匹配起来进行综合分析，进而得出一系列具有战略性和决策性的结论。从整体上看，SWOT 可以分成 S（strength，优势）、W（weakness，劣势）和 O（opportunity，机会）、T（threat，威胁）两部分，第一部分属于内部资源，主观因素；第二部分是外部环境，客观因素。将 SWOT 分析法应用于老年人的养老服务模式分析（见表 3–2），可以通过分析目前已有养老模式的优劣势以及外部环境，建立环境和模式间的联系，找出不同模式在不同环境下的有利因素和需要避开的问题，扬长避短。

表 3–2　不同养老服务模式的 SWOT 分析

	家庭养老	社区居家养老	机构养老
优势	符合“孝”文化； 符合家庭情结； 安全感和归属感； 精神慰藉充分； 生活成本低	符合传统文化； 照护相对专业； 减轻家人压力； 老年人具有认同感； 延续老年人关系网	服务专业化； 管理专业化； 配套设施较好； 医护能力更强； 减轻家人照护压力
劣势	缺少医疗服务； 环境适老性一般； 家人照护压力大； 影响家庭整体收入	对老年人身体有要求； 紧急救护问题； 医护不够专业； 缺少针对性服务； 上门照护费用高	养老成本高； 床位供应不足； 精神慰藉不足； 服务质量难以保证； 改变老年人生活环境
机遇	现有老年人首选； 精神慰藉更多； 老年人心情愉悦； 弘扬孝道文化； 操作模式简单	政府提倡推广； 维护老年人尊严； 老年人接受度高； 缓解机构压力； 资金投入少	政府重视推广； 社会参与度高； 有针对性服务； 补充其他养老模式
威胁	人口结构改变； 家庭结构改变； 子女角色冲突； 社会转型	服务范围有限； 需要政府扶持； 市场化和社会化； 无障碍设施改造； 服务人员水平有限	投入大，周期长； 服务对象狭窄； 老年人选择少； 服务同质化； 老年人认同度一般

从表 3–2 可以看出，不同的养老服务模式具有各自的优势和特点，在应用的过程中也都存在着相应的局限性和问题。

家庭养老符合中国人的“孝”文化和传统的家庭观念，因为几世同堂的亲情联系能够给老年人带来极大的安慰，得到了老年人的极大青睐。同时，家庭养老还因为实施方便和成本相对较低而被老年人的家人广泛接受。但是，这种养老方式对老年人的身体状况、居住环境和照护者的要求很高。随着家庭结构、人口结构的变化以及人口流动加速，传统的家庭养老逐渐因为人力、物力、财力等匮乏而逐渐丧失实施的可能性。

社区居家养老一般以家庭为中心，以社区日间照料服务中心为依托，通过提供专业的日间照料或托老服务，既能够帮助老年人摆脱家庭无人照料的困境，又解除了家庭的后顾之忧。这不仅满足了老年人对家庭的渴望，还通过社会化方式为老年人提供专业的养老服务，有效地减轻家庭照护者的负担，是一种更为现实的养老服务模式。但是，目前多数的养老服务只是停留在小时工、家政服务等层面，服务标准不统一，质量得不到保证，安全可靠性弱。此外，在专业的医疗康复、护理保健、精神文化等方面存在严重的服务不足，且社区居家养老的费用尚未纳入社会保险或政府财政专项补贴，给服务对象带来一定的经济负担。现有的社区服务中心针对失能老年人、残障老年人提供的养老服务也略显不足。

机构养老为老年人提供较为优越的硬件设施和环境，并且能够为老年人提供更系统、更专业的养老服务。目前的机构养老存在服务同质化和服务缺乏分级等问题，高档的机构一床难求、收费高、服务质量好，中低档的常常因为服务跟不上及服务人员素质低下等问题而遭到诟病，且机构养老与中国传统文化有一定的相悖。

（2）养老服务模式的 PEST 分析

PEST 分析是指通过分析宏观环境，从总体上把握研究对象所处的环境状况。这里所说的宏观环境主要包括四个方面：P（political，政治）、E（economic，经济）、S（social，社会）以及 T（technological，技术）。其中，政治要素是指对研究对象具有实际或潜在影响的政治力量和当地相关的法律法规等。经济要素是指研究对象所处国家或地区的经济结构、政府投资结构、居民可支配收入水平、消费方式和消费倾向以及市场机制的完善程度等。社会因素是指研究对象所在社会的人口年龄结构、收入和消费结构、人口流动性、文化价值观念以及风俗习惯等因素。技术因素是指影响研究对象的新技术、新方法、新材料及其未来发展趋势。将 PEST 分析应用于养老服务模式分析（见表 3-3），能够综合分析老年人养老所处的宏观环境，全面认识不同的养老模式并对它们进行准确定位。

表 3-3　不同养老服务模式的 PEST 分析

	家庭养老	社区居家养老	机构养老
政治	过于宏观； 政府扶持难度大； 法律法规操作性差	政府支持力度大； 法规等不明确； 社区参与度高	政府政策扶持多； 政府投资负担大； 民间集资困难

续表

	家庭养老	社区居家养老	机构养老
经济	家庭负担大； 传统经济模式； 低收入家庭	市场前景好； 市场竞争化； 收益前景好	市场竞争激烈； 企业投资一般； 收益前景一般；
社会	社会参与度低； 文化认同度高； 缺少体现社会支持	社会参与度高； 文化认同度高； 较多体现社会支持	社会参与度一般； 文化认同度一般； 社会支持度一般
技术	专业技术低； 科技含量低； 服务手段原始	专业技术较高； 科技含量较高； 服务手段较先进	专业技术高； 科技含量高； 服务手段先进

由表 3–3 可以看出，从政治因素上看，无论何种养老服务模式，都需要政府政策的引导和支持，都需要社会团体的广泛参与以及健全的法律法规。想要构建切实可行的养老服务模式，必须重视政治因素对养老服务行为和运作的作用，要通过政府立法规范养老服务模式，明确政府职责以及它与社会团体的关系，充分发挥政府的宏观调控、管理协调和监督功能。

从经济因素上看，养老服务模式受到多种经济要素的制约，包括经济发展水平、政府投资结构以及基础设施建设等。养老服务模式的构建，一方面，要立足经济发展现状和政府的财政能力，提高资源利用效率，提升养老服务效能；另一方面，要大力发展宏观经济，提高政府的资金支持力度，促进政府在投资结构上强化对养老服务基础设施建设的投入，为养老服务模式正常运行做好物质保障。

从社会因素上看，人口年龄结构、人口流动性直接影响着养老服务的需求数量和需求结构，收入程度和消费能力决定了养老市场容量、养老服务种类及推广方式，社会整体的文化价值观念和民族文化传统等则影响人们对养老服务模式的认同程度和选择标准。养老服务模式的构建必须重视不同群体对不同模式的差异性态度和偏好，设计出符合不同需求类型和消费特征的多元化养老服务模式，增强社会公众的认可度和支持程度，增强养老服务模式的适应性。

从技术因素上看，养老服务领域的技术进步和产品研发会大幅度提高养老服务的工作效率；照护人员服务技能和技巧的提升也会减轻老年人的痛苦，提高他们的生活质量。因此，在构建养老服务模式时，必须同时重视技术进步和照护人员服务水平的提升，利用新技术提高养老服务的运作效率，扩展养老服务的整体功能，提升照护人员专业素养和服务技能，以提高照护服务的专业水平和质量。

3.2 养老服务的供需情况分析

目前，我国学者将现有的养老服务分为五个方面，分别是生活照料、医疗保健、精神慰藉、文体活动以及法律服务。生活照料是指由社区服务中心为老年人提供的有关保姆、送货上门、出门代办、职业介绍和技能培训等生活照料方面的服务。医疗保健服务是指社区卫生服务中心为老年人提供涉及医疗护理、健康检查等服务。精神慰藉是指为老年人提供老年大学、老年心理咨询等服务。文体活动主要是帮助老年群众开展社团活动，为老年人提供文体活动的场所等。法律服务主要是为老年人提供法律咨询、法律援助等服务。

3.2.1 我国养老服务供给研究

养老服务供给主体，通俗地说，就是为老年人提供养老服务的组织和个人。自古以来，因为传统观念的存在，家庭在养老服务供给中占据着非常重要的地位。俗话说“养儿防老”，由此也可以充分说明子女在我国家庭养老保障中扮演着重要的角色。

随着社会的发展和进步，如何规划社会养老逐渐成为政府和社会关注的焦点。所以，除了家庭提供服务之外，政府、企业、社会组织、个人等都在为老年事业的发展提供各种各样的服务。比如，政府是基本养老服务和部分补充养老服务的提供者；企业在大多数情况下是市场化养老服务的提供者；社会组织是具有补充作用的养老服务的提供者；个人比较灵活，可以是志愿者，也可以是市场化养老服务的提供者。总之，养老服务资源的有效供给主要是通过家庭、政府、市场、社会组织和个人等主体共同协作和互相补充来实现的。

（1）我国养老服务设施供给现状

我国提供日常生活养老服务的平台主要有社区服务中心、社区卫生服务中心、老年群体组织等。截至 2018 年底，全国各大城镇的社区服务中心达到 17.7 万个，社区服务设施共计 42.7 万个，并且数量在逐年增加，见表 3–4。

表 3–4　城镇社区服务设施基本情况

	2011	2012	2013	2014	2015	2016	2017	2018
社区服务中心 / 万个	7.1	10.4	12.8	14.3	15.2	16.1	16.8	17.7
社区服务设施 / 万个	16.0	20.0	25.2	31.1	36.1	38.6	40.7	42.7
社区服务中心增长率 /%	23.9	47.8	23.1	11.7	6.2	5.8	4.3	5.3

数据来源：中华人民共和国民政部，《2018 年民政事业发展统计报告》

除社区服务设施外，老年人对社区卫生服务中心的床位需求也在不断增加。截至2018年底，全国已设立社区卫生服务中心站34997个，共拥有床位158.3万张，具体见表3–5。我国失能老年人所需床位数和护理人员数量预测见表3–6。

表3–5　中国老龄服务事业发展状况

年份	机构数合计 / 个			床位数合计 / 个	人员数合计
	社区卫生服务中心	乡镇卫生院	合计	基层医疗卫生机构	
2013	33965	37015	70980	1349908	6181891
2014	34238	36902	71140	1381197	6601214
2015	34321	36817	71138	1413842	7015204
2016	34327	36795	71122	1441940	7410453
2017	34652	36551	71203	1528528	7940252
2018	34997	36461	71458	1583587	8404088

数据来源：中华人民共和国国家卫健委，《2018年我国卫生事业发展统计公报》

表3–6　中国失能老年人所需床位数和护理人员数量预测

年份	完全失能老年人人数 / 万人	入住养老机构意愿 /%	床位周转率 /%	所需床位数 / 万张	护理人员数量 / 万人
2015	1404	16.6	2.1	489	163
2020	1638	16.6	2.1	571	190
2025	1915	16.6	2.1	668	223
2030	2312	16.6	2.1	806	269
2035	2632	16.6	2.1	918	306
2040	2720	16.6	2.1	948	316
2045	2815	16.6	2.1	981	327
2050	2986	16.6	2.1	1041	347

资料来源：中华老龄科学研究中心。

（2）我国养老机构服务供给现状

随着我国人口老龄化程度不断加深，家庭养老已经无法满足正常的养老需求，机构养老受到越来越多的重视。国内不同地区的学者从各个角度展开了机构养老服务供给研究。

廖敏等随机选择了长沙市多家养老机构，对这些养老机构的主管人员及部分入住的老年人分别进行了访谈和问卷调查，分析了老年人对养老机构服务的需求以及养老机构的居住条件、生活设施、服务质量等，结果显示，长沙市的养老机构规模大小不一，总体入住率不高且差异较大。多数养老机构存在房间构造简单、功能单一、缺少足够的室外活动场所等问题。另外，还存在提供的服务局限性强、护理人员数量不足等问题。唐万琴等对南京市 13 个区县的社会养老机构进行了调查，涵盖养老院、敬老院、老年公寓等。通过分析这些养老机构的服务环境、人员配备、提供的服务和运行状况等，研究者发现，南京市养老机构的建设规模达标情况较差，养老机构的入住率也远远低于平均入住率。同时，64.8% 的养老机构没有配备医生，76.6% 的养老机构没有配备护士。

易大方等实地考察了武汉市 6 个行政区的居家养老机构，对机构内的养老基本设施和入住老年人的基本情况进行了分析，发现目前武汉市养老机构普遍存在基础设施差、服务水平低、收费偏高等问题。刘建民等采取问卷调查和个人访谈相结合的方法，对南宁、柳州、梧州这三个城市中多个养老机构收费标准、医疗服务条件和附加服务等情况进行分析，结果显示南宁、柳州和梧州三市养老机构的收费标准不等，大部分养老机构没有配备专业的医疗卫生服务，在附加服务中缺乏心理辅导和康复活动。

赵鑫、曹慎等分别对青岛市和上海市杨浦区养老机构的卫生状况进行了调查，认为养老机构的卫生消毒、食品卫生和传染病防治等情况基本达标。从这些研究结果中可发现，目前我国的养老机构普遍存在机构建设不足、养老服务不完善、工作人员不足、经营模式老旧等方面的问题，无法满足老年人的养老需求。

（3）我国社区居家养老服务供给现状

社区居家养老是家庭养老部分功能的社会化，其服务供给主体除了家庭之外，还增加了政府、市场、非营利组织和社区。学术界对社区居家养老服务供给的研究主要是从五大养老服务供给主体所扮演的角色、承担的职责几个方面展开的。基于我国传统文化模式和人口老龄化过程，大部分学者认为家庭养老在相当长的时间内将依然占据主要地位。中国传统的孝文化深刻影响着老年人和家庭对养老模式的选择，家庭在未来很长一段时间内仍然是老年人精神慰藉的主要来源。随着老龄化社会的迅猛发展，我国的养老只能选择家庭养老为主、社会养老为辅。

大部分学者认为政府是社区居家养老服务的政策制定者、规划者、组织者和监督者。非营利组织在社区居家养老中除了增强市场竞争性外，还要参与社区居家养老保障政策的制定、修改和评估，辅助检查和监督社区居家养老服务的实施情况，参与处理社区居家养老服务实施过程中各种事务的作用。同时，因其独特的非政党性、非营利性、自主性、社会性等性质，使其能够从经济和人员等方面为社区居家养老服务提供支持，减轻其他养老组织的负担，因此在社区居家养老的公共服务领域有着不可替代的作用。社区通过资源整合，利用自身的支持体系、人力资源，辅助基层政府的组织调配，协调家庭与社区之间的关系，为老年人提供生活照料、家政服务、医疗护理和精神慰藉等系列服务，是承办社区居家养老服务的较佳载体，能够最大限度上实现人本理念和遵循成本效益原则。

3.2.2 养老服务供需问题及原因

（1）家庭养老供需问题

家庭养老的老年人一般居住于自己或子女的房子中，平时主要由家庭成员负责生活照顾和医疗护理，生活成本较低，对额外服务的需求也相对较低。由于经常能够得到来自家人的关怀，老年人的心理状态一般较好，被尊重需求能够得到最大限度的满足。但随着社会发展的变化，家庭养老中照护的角色正在由子女向着配偶或老年人自身转移，最终逐渐形成老年夫妻依靠彼此照护、独居老年人只能自理的局面。老年人的需求在逐渐增大，家庭养老供给能力却在逐渐降低。

目前，家庭养老在无法获得社区养老服务支持的情况下，养老服务供需矛盾日趋恶化。在城市的小区中，老年人的“隔离率”越来越高。虽然城市中的社区居家养老服务体系相对较完善，但很多养老服务需求和服务供给之间的渠道不畅通，安全可靠性低，服务满足度低，很多老年人的需求无法得到满足。

（2）社区居家养老供需问题

社区居家养老是家庭养老的有益补充。在城市的社区居家养老服务中，主要依托的是街道和居委会，另外还有物业或私营企业进行辅助。社区居家养老服务时间弹性较强，尽管以日间照护为主，但针对特殊老年人，还提供全天候“紧急救援”服务。社区居家养老的服务水平直接受地方经济水平和政策因素的影响，不同经济水平的地区提供的养老服务覆盖面差异较大，且各地的服务标准、规范参差不齐。政府所提供的社区养老服务大多带有政策性，主要针对的是特殊群体和生活困难老年人，如“三无”、“五保”、生活不能自理老年人等，服务覆盖面较窄。同时，社区居家养老服务的供给存在一定程度的错配现象；一方面，老年人的许多需求没有得到满足；另一方面，许多养老服务却供给过度，造成资源浪费。例如，很多社区提供的陪同看病、上门护理等服务，实际利用率非常低；而如聊天解闷、团体活动等服务，老年人的需求相对较高，但社区的供给却较少。

（3）机构养老供需问题

在养老机构中，占比最大的是私营或民办机构。这些机构有着较为完善的养老基础设施、较高的养老服务专业化水平，甚至还能提供医养结合服务。但机构养老也存在一定的问题，如不同的养老机构档次不一，服务水平差异较大，提供的服务的种类和质量也参差不齐。有些低端机构价格较低，只提供基本的床位、照护服务，而某些高端养老机构能够提供全方位、智能化服务，但价格很高，普通家庭的老年人无法承受。总的来讲，在机构养老的老年人在“生活技能”“医疗护理”“生活支持”等基础方面大多能得到保障，但由于长期不与家人共同生活，在“心理慰藉”方面的需求显得较为迫切。此外，多数的养老机构对于入住老年人的健康状况有着限制要求，很多机构只接收健康老年人或者轻度失能老年人，中度和重度失能老年人则很难在养老机构中接受服务。

（4）我国养老供需失衡原因

我国养老服务供需失衡的主要原因体现在以下几个方面。

第一，养老服务的资金支持不足。我国是未富先老，同时养老金制度并轨造成了巨大的养老金缺口，增加了我国财政支出的压力，给养老服务的资金保障造成了一定的资金约束。此外，我国财政预算缺少对养老服务单独设定的专项预算科目，导致养老服务资金的主要来源为财政资金和社会资助，很难做到资金的规范化和明确化，缺乏有效的保障。

第二，养老服务组织跟不上养老需求的发展。社会人口老龄化对养老服务存在巨大的需求，而国内养老机构的数量少，且缺少独立性，属于政府扶持项目，这就导致养老服务的供给无法完全按照社会需求来提供，不能满足目前的养老服务需求，带有一定的行政导向。

第三，养老服务资源分布不均且流动性弱。各地经济发展水平的差异性导致养老服务资源的分布也不同，边远地区和欠发达地区的养老服务资源更加匮乏。同时，由于养老服务资源的流动性弱，“浪费”和“不足”问题并存。

第四，养老服务人员的专业性不强。很多养老服务人员主要由下岗职工、失业人员等非专业人员组成，缺乏专业知识，服务意识淡薄，工作稳定性差。

第五，养老服务内容与养老服务需求不匹配。目前，很多养老服务仍是以供给为主而不是以需求为主。由于缺乏对老年人养老服务需求的深入研究或资源限制，很多养老服务内容并不能匹配老年人的真实需求，利用率低下的同时，老年人的满意度也不高。

第六，缺乏适老化产品的支持，造成养老服务质量和效率低下，服务环境差。此外，受到传统观念的影响，很多人认为照护老年人是“端屎端尿”的工作，从而影响专业养老服务人员的招募和培训。

3.3 社区居家养老服务模式分析

在构建符合中国国情的社区居家养老服务模式之前，首先需要解决3W1H的问题:由谁来为老年人提供养老服务（who）、在哪里提供服务（where）、提供哪些养老服务（what）以及如何提供养老服务（how）。依据福利多元主义理论，老年人的养老服务应当由家庭、政府、市场以及社会组织等多方主体共同提供。本研究的目标是构建一个能够符合我国当下实际情况、适应不同类别老年人差异化养老服务需求的模式。通过构建社区养老服务中心和养老服务信息平台，该中心依据社区的实际情况由不同的功能模块组成，依托养老服务信息平台整合不同的养老服务资源，并借助养老服务信息平台在不同的社区与城市层级流动，从而使得养老服务质量与效率提高、成本下降，老年人能够自由地选择与接受养老服务的方式和内容，养老服务资源得到更好的利用。

3.3.1 构建社区居家养老服务模式的出发点和基本原则

（1）出发点

我国老年人养老服务目前供需不匹配，结构失衡，现有养老模式提供的养老服务可及性差，导致“供给不足”和“资源浪费”的现象并存。一方面，老年人期望获得的养老服务模式和内容没有获得满足；另一方面，部分养老服务模式提供的服务设施和养老资源并没有被充分利用。因此，构建社区居家养老服务模式，首先要对现有养老服务资源进行整合，在满足老年人养老服务需求的基础上，形成不同养老服务方式之间的优势互补，提高养老服务的运行效率与质量，对服务进行安全、可靠的有效管理，提升老年人的生活质量。

（2）基本原则

为保证社区居家养老服务模式构建的合理性，需要遵循以下几个基本原则。

①系统性。对于整个老年人养老服务体系建设来说，社区居家养老服务模式是其中的一部分，其功能的有效发挥需要整个养老服务系统中其他组成部分与它协调配合。只有保证社区居家养老服务模式内部各构成要素完整，富有层次，协同发展，才能够促进老年人健康养老总体目标的实现。

②权利性。生存权作为最基本的人权，在构建社区居家养老服务模式时不能单纯地把老年人当成弱势群体和养老模式的被动接受者，而是应当将其视为社会的参与者和受益者，将维护其利益作为出发点来设计养老服务模式。

③公平性。每一位老年人都应当公平地享有养老服务，但这并不意味着每位老年人享有的养老服务内容完全一致。社区居家养老服务模式在构建的过程中应遵循相对公平的原则，使不同类别的老年人都能够被接受到适合的养老服务，同时避免出现平均主义。

④选择性。社区居家养老服务模式的选择主体和受益者都是老年人。受到健康程度、居住环境、收入水平、受教育程度等多种因素的影响，老年人的养老模式选择存在明显差异。因此，在构建社区居家养老服务模式时，要建立多层次、多样化的养老服务内容，供不同类别的老年人选择。

⑤持续性。只有在尊重经济发展水平和运行规律的前提下构建的养老服务模式，才能保证居家养老服务模式运行的持续性，最大限度地提升老年人生活质量，且不超出我国经济社会的承受能力。对于老年人而言，持续性还指通过养老服务内容的拓展，避免因更换居住地导致养老服务中断。

3.3.2 居家养老服务供需匹配框架

居家养老模式要想突破传统的以养老资源为核心的观念，就需要以服务内容及服务过程为核心，关注点从“养老服务提供”转变为“养老服务需求满足”。对于社区居家养老模式来说，日益复杂的养老服务需求决定了养老服务的供给需要包括生活照料、医疗保健、精神慰藉、文体活动以及法律服务等整个老年生命周期的多项活动。在实际的应用场景下，老年人有可能需要单独某一项服务，也可能需要多项服务的组合，而不同养老服务也会具有不同的供给主体。这都对养老服务的需求与供给匹配提出了更高的要求。

养老服务供需均衡的实现，需要养老服务需求与服务供给的匹配。社区居家养老服务各要素之间呈现非线性交互，各主体将服务场所、养老设施等实体资源，信息、知识等虚拟资源进行整合，成为具有一定功能和价值的服务能力，以不同能力主体的形式提供服务，并根据老年人差异化的服务需求，对其进行精准的服务定位和服务匹配。其中，服务需求主体和服务供给主体有可能不是在价值链的两端，而是同处于价值网络的节点上，同一个主体有可能同时具有需求和供给的双重角色。例如，健康老年人在有养老服务需求的同时也能够成为服务的提供主体。养老服务需求和供给的匹配，由服务中介来完成。这个服务中介有可能是一个实体，如养老服务网络平台、社区养老服务中心等，也可能是一个分散在各个主体的功能节点。根据获取的老年人服务需求，基于服务能力匹配进行的服务任务分派，是智慧化养老服务系统的基本逻辑。具体如图 3-1 所示。

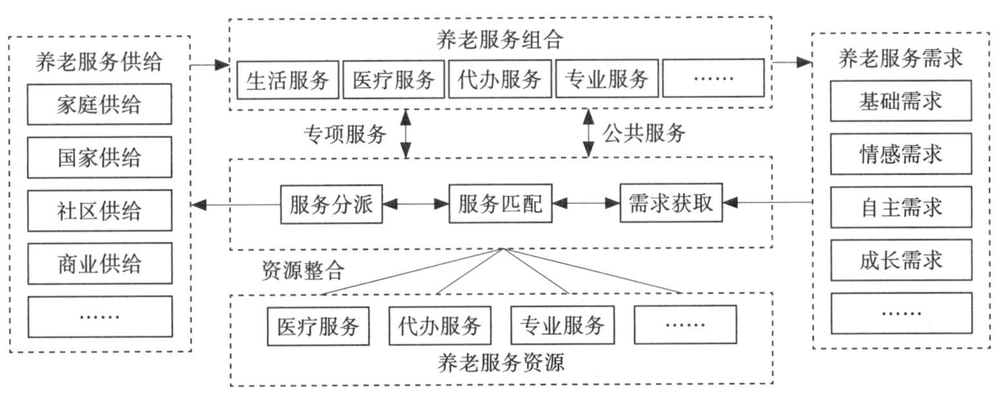

图 3-1　社区居家养老服务供需匹配框架

3.3.3 社区居家养老服务供给主体界定及协同作用

现有的养老服务模式呈现供给主体多元化的局面，各主体在不同照护方式中的地

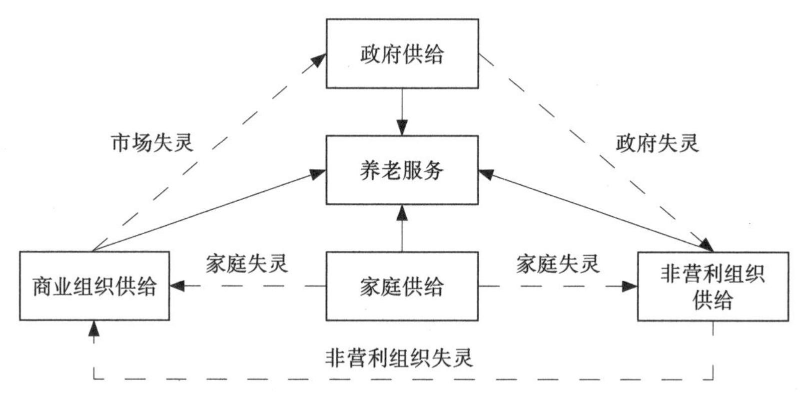

图 3-2　不同养老服务供给主体间的关系

位和功能决定了其在不同方式运行、管理和监督的各个环节发挥着不同的作用，直接影响养老服务的效能和老年人养老服务需求的满足程度。

因此，将现有养老服务模式整合规范为智慧化社区居家养老服务模式时，必须明确各主体之间的关系，这样才能够减少养老资源的浪费，实现效能最大化。不同养老服务供给主体之间的关系如图 3-2 所示。

社区居家养老服务主体可以划分为家庭、政府、商业组织和非营利组织。各个养老服务供给主体共同在养老服务供给市场（养老服务信息平台）向老年人提供服务，老年人可以依据实际需求自由地选择服务提供者和服务内容。

政府是提供养老服务的主导，是智慧化社区居家养老服务模式的建设者以及服务的推动者、引导者和监管者；家庭是提供养老服务的基础；商业组织因为具有灵活性的特点，能够迅速地对老年人的需求做出反应，起到养老服务补充的作用；非营利组织在提供养老服务中发挥辅助作用。

老年人养老服务需求的内容很多，异质性也很强。事实证明，为满足老年人不同养老服务需求，依靠单一的服务供给主体是不可能很好地实现的。良好的养老服务内容的提供需要不同的养老服务供给主体协同作用，发挥自身的特性和优势，从而满足老年人不同层次的养老服务需求，实现养老资源的优质配置，达到“五个老有”，见表 3-7。

表 3-7　养老服务供给主体的协同作用

养老需求	五个老有	养老服务内容	养老服务供给主体
基础需求	老有所养	发放养老补贴、提供专项补助、法律援助	政府
		提供住房、基本照料等	家庭
		提供专项护理、家政服务	商业组织、非营利组织
		提供日间托老服务、志愿服务	商业组织、非营利组织
	老有所医	提供家庭日常护理	家庭
基础需求	老有所医	提供医疗优惠政策、法律援助、资金扶持	政府
		提供医疗保健、康复护理	商业组织、非营利组织
		提供社区卫生服务	非营利组织
情感需求	老有所乐	亲情慰藉	家庭、亲友
		提供老年休闲娱乐活动服务和设施	商业组织、非营利组织
		组织文体艺术活动	商业组织、非营利组织
		完善公共设施建设等	政府
自主需求	老有所学	资金政策扶持、建立老年教育体系	政府
		办好老年大学、改善教育设施	商业组织、非营利组织
		提供社区老年教育、组织老年人开展学习活动	商业组织、非营利组织
		资金支持	家庭
成长需求	老有所为	资金政策扶持、搭建老年人就业服务平台	政府
		为老年人提供渠道与机会	商业组织、非营利组织
		鼓励老年人参与社区事务和地区文化活动	非营利组织

3.4 特色居家养老服务模式构建

本研究在社区居家养老服务模式分析的基础上，针对中国目前所面临的老龄化问题，提出一种新型养老方式特色社区居家养老。因为社区是家庭养老和机构养老的最佳结合点，所以提出以特色居家养老服务中心为运作核心的创新服务模式。

特色居家养老服务中心的核心是通过社区提供的一站式服务，满足老人的多样化需求。特色居家养老服务中心应为一个小规模、多功能的养老服务平台。特色居家养老服务中心以满足老年人的生活需求为主要目标，运用科学合理的手段，依托智慧化养老信息平台合理调配养老服务资源，实现社会养老资源的动态调整。特色居家养老服务中心以服务中心为设施载体，搭配智慧养老平台软件和老年通信终端设备，实现信息交换、大数据分析和记录功能。政府采取购买服务和鼓励多主体参与养老服务提供的运营方式，将老年人的需求和社会上的多种养老服务资源实现无缝对接。

3.4.1 特色居家养老服务中心的服务需求采集

（1）服务需求研究方法

使用的研究方法为问卷法和数理统计法，根据需求层次理论构建老年人社区服务需求层次模型，用来划分信息功能的类别。采用通过信度及效度检验的问卷对老年人的社区养老服务需求进行调查及数据分析。

（2）老年群体服务需求模型

需求层次理论将人类的需求划分为五个层次，即生理需求、安全需求、情感需求、尊重需求和自我价值实现需求。需求层次理论已经得到广泛的认可，是各项行为科学研究的基础理论之一。显然，我们可以借助一般的需求层次理论，推导出老年人的需求。

在需求层次模型的基础上，根据投影的方法，我们从社区服务信息论的视角对老年人的需求层次模型进行投影，得到老年人社区养老服务需求层次模型。特色居家养老服务需求层次模型分为以下五类需求：一是衣食住行、日常护理等生理需求；二是医疗保健、养老政策等安全需求；三是亲友信息及团体活动等情感需求；四是自我评价、社会评价等受尊重需求；五是知识技能和工作岗位等自我价值实现需求。

（3）调查问卷的设计和发放

根据特色居家养老服务需求层次模型，我们将问卷题目划分为五类，共涉及 19 个问题。在设计问卷时，首先明确调查的目的和内容，确定调查对象。由于调查的人群是居家的老年人群体，在实施大样本调查之前，先初选一部分老年人进行试访，根据试访结果对问卷进行修改、补充和完善，最终形成完整问卷。

问卷主体部分调查了老年人对五大服务类别信息功能的需求， 分别是生活照料类信息、医疗保健类信息、休闲活动类信息、精神慰藉类信息、公共事务类信息的需求，还询问了老年人对于社区信息化养老服务平台的接受程度。由于本次研究主要依靠问卷调查，为了保证问卷数据的客观准确性，我们将问卷信度和效度的研究放在了首要的位置。信度系数好的量表或问卷的信度系数最好在 0.80 以上，可接受的范围在 0.70~0.80；各个构面的量表信度系数需在 0.70 以上，可接受的范围为 0.60~0.70。在信度检验中还需要校正后项目总分相关系数，即 CITC 系数值。若问项的 CITC 值小于 0.50，则删除，直到所有问项的 CITC 值都大于 0.50。同时，若某一变量删除后整体构面的 Cronbach α 系数值提高了，则将该问项删除，增加构面的内部一致性。

利用 SPSS 软件，我们对本次居家社区服务需求问卷进行信度、效度分析。分析结果表明，生活照料类信息、医疗保健类信息、休闲活动类信息、精神慰藉类信息、公共事务类信息的Cronbach α 值分别为0.705、0.720、0.786、0.768、0.772，均大于0.70，说明问卷具有较好的信度。

根据特征值大于 1 的原则和最大方差法正交旋转进行因子提取，我们获得五个组合，分别代表生活照料类信息功能、医疗保健类信息功能、休闲活动类信息功能、精神慰藉类信息功能、公共事务类信息功能，累计方差解释量为 86.399%，因子载荷均大于 0.50，题项不存在跨越两组构面的情况，具有较好的区别效度。

（4）问卷数据基本分析

根据调查结果，对数据进行描述性统计分析，结果如表 3–8。

表 3–8　问卷数据描述性统计

信息类别	问卷题项	认同	一般	不认同	认可程度
生活照料类	家政服务	77.6	11.5	10.9	●●●●
	维修服务	69.2	17.5	13.3	●●●
	餐饮服务	50.7	38.6	10.7	●●
	紧急安全服务	70.5	20.4	9.1	●●●●
	日托中心服务	35.2	29.7	35.1	
	食品采购信息	25.3	43.2	31.5	
医疗保健类	健康咨询	34.7	53.5	11.8	
	康复护理	42.6	30.6	26.8	●
	个人医疗档案	27.5	34.6	37.9	

续表

信息类别	问卷题项	认同	一般	不认同	认可程度
休闲活动类	旅游活动	59.7	30.5	9.8	●●●
	图书阅览	30.5	35.7	33.8	
	广场舞	70.1	11.6	18.3	●●●●
	老年大学	60.8	12.6	26.6	●●●
精神慰藉类	心理咨询	36.4	43.7	19.9	
	情感交流	57.3	31.9	10.8	●●
	婚姻信息	23.7	38.3	38	
公共事务类	法律咨询	64.2	25.7	10.1	●●●
	保险信息	65.6	27.8	6.6	●●●
	养老政策	58.4	30.5	11.1	●●

回答“认同”占百分比为40%~50%，认可程度为●；50%~60%的认可程度为●●，60%~70%的认可程度为●●●，70%~100%的认可程度为●●●●。

在生活照料类信息功能的六个问项中，回答“认同”超过40%的有四项，按比例排序分别是家政服务信息、紧急安全服务信息、维修服务信息、餐饮服务信息。通过初步调查可见，家政服务是居家老年人需求量较高的服务之一。随着年龄的增长，生理机能的不断衰退，许多日常事务需要家政人员辅助解决。突发事件尽管是偶尔发生，例如老人在家摔倒，一旦危险发生不能得到及时处理，就会产生不可估量的后果，因此紧急安全服务也得到居家老年人的认可。另外四项的回答，老年人的认可度比重比较高的，如维修服务、餐饮服务、日托中心服务、食品采购信息等，虽然服务需求量看似不大，但可能受到其他因素的影响，之后结合交叉统计分析再做相关讨论。

在医疗保健类信息功能的三项回答中，老年人认可程度为“一般”的占比较高，如健康咨询、个人医疗档案。这说明，从总体上看，老人们对健康保健的理解和接受能力还停留在传统的以医为主，预防保健的观念还比较淡薄，也从侧面反映了老年人对专业医疗机构的依赖性很大，养老服务环节容易出现看病难的问题。

在休闲活动类信息功能的四项问答中，旅游活动、广场舞、老年大学回答“认可”的比重均很高，按比例排序依次为广场舞、老年大学、旅游活动、图书阅览。可见老年人对休闲活动需求比较高，社区居家养老服务应该增加社区文化休闲服务项目。

在精神慰藉类信息功能的三项回答中，老年人认可程度比较高的有情感交流、心理咨询。可见老年人对精神慰藉服务的接受程度还处于起步状态，大多数老人并不能接受此类服务。居家老人的子女长期不在身边，相对比较孤单，现有的陪同谈心聊天能减轻老年人的孤独感，而适合的精神慰藉服务能解除他们的孤独感。

在公共事务类信息功能的三项问答中，老年人的认可度都比较高， 按比例排序依次为保险信息、法律咨询、养老政策。可见虽然老年人选择居家养老，但还是比较关心政府提供的老年人福利、社会提供的保险金。这与我国未富先老的社会老龄化现实较为吻合。

根据调研结果，我们制定了下列基本的服务项目。

老年产品。为满足老年人的生活需求提供专业可靠的老年产品，涵盖面广阔，如服装鞋帽、防滑器具、餐具、轮椅、呼救器、助听器、拐杖等。

老年医疗保健。为老年人提供医疗保健药品和医疗器械，医疗方面涉及药品、疗养、休养等产品服务。保健方面涉及保健品、健身器材及康复器材的售卖或租赁。

老年健康管理。提供长期的健康咨询和疾病管理，通过智能硬件采集老年人生理体征数据，对老年人的健康进行监控和健康指导。

安全定位与紧急救护。提供长期的紧急求助服务，如一键 SOS 救助、语音一键呼叫等。设置安全区域，老人外出时提醒家人，实时定位和记录活动轨迹。

老年家政服务。以家庭护理、日常家庭照顾、家政维修为主。可以包含的业务如整理家务、代购生活用品、用餐服务、洗浴服务等。

3.4.2 特色居家养老服务中心的供给模式创新

（1）政府购买、企业承办的市场运作模式

根据国家多个政府部门的政策规划，未来的中国将以政府购买养老服务为主要的发展方向。在这一模式中，社区养老服务设施的兴建不再由政府直接负责，而是交给企业根据市场规则，同时改变了原有的社区养老服务资助方式，只对一些特殊的服务对象给予相应的补贴，促进了养老服务市场的发育和完善。此外，引入市场机制，提高社区养老服务的供给效率。企业能够在市场上形成良好的信誉和品牌效应，为社区老年人提供更优质的养老服务。

（2）特色居家养老服务物力资源协调整合机制

社区居家养老服务物力资源整合主要包括三方面的内容：政府，社区与其周围单

位如学校、企业、政府机关等以及不同社区之间的物力资源。政府引导社区建立网络信息平台系统，实现社区养老服务信息的实时共享。社区鼓励周围单位积极进行资源共享，自觉开放本单位建立的生活服务设施，不同社区之间也需要整合物力资源，相互进行资源调配，减少相关服务设施的重复性建设和空闲，扩大社区内优势服务项目的空间辐射范围，促进社区之间养老服务的协同发展（见图 3-3）。

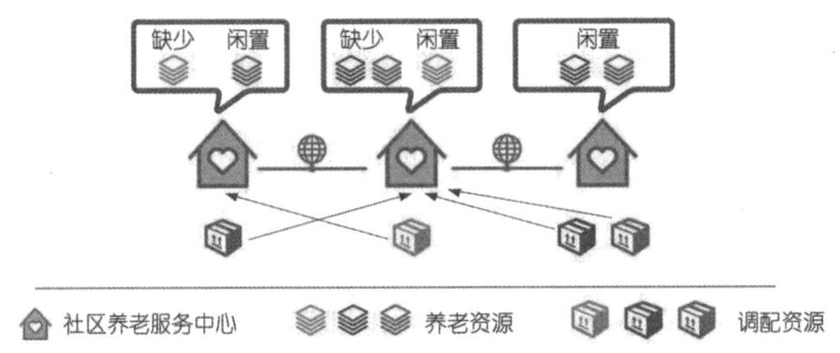

图 3-3　社区养老服务资源调配机制图

（3）扩大社区居家养老服务供给主体职能范围，完善各项供给模式

政府在社区居家养老服务供给中起主导作用，应充分利用其职责权限积极融资、统筹规划，把社区居家养老服务供给的权利适当下放到街道和社区，根据社区养老服务的需求规模、性质属性进行合理规划和融资，在供给链条中承担有限责任。

社区居家养老服务各供给主体之间需要协调与配合。各供给主体在相互合作中形成了不同的社区养老服务供给模式，社区应根据自身情况选择合适的模式并将其应用到本社区的养老服务供给中，结合实际的社会环境和老年人需求的变化不断加以完善，也应不断探索出新的模式，促使社区养老服务供给得到整体性提高。

非营利组织和市场化组织在发展自身的同时，也应通过多种方式提供养老服务。非营利组织包括慈善组织、志愿者组织等，应加大对社区养老服务的支持力度，支持更多的志愿者服务队伍发挥所长，在不同的社区养老服务项目上提供擅长的服务，以提高整体服务质量。市场化组织可以通过与政府合作的方式，也可以直接投资进行社区养老服务设施建设，并通过无偿或低偿的方式进行管理和经营，不断满足社区老年人多元化的养老需求。

完善政府引导、层级联动模式，促进其合理、有效运行的同时，也要注重联动其他四种主要模式，助力社区居家养老服务供给模式的完善和推广。一方面，政府部门需要同社区组织、非营利组织、市场化组织等开展更加密切的合作，在实践中各主体不断明确自身定位，共同为社区老年人提供所需的养老服务项目；另一方面，供给模式在社区中运用需要将自身的特点与社区的发展状况相结合，发展真正的“接地气”的养老服务供给模式，不断满足社区老年人的养老需求。

3.4.3 特色居家养老服务中心的服务模式创新

（1）“1+2”分级服务模式

“1”代表基本的生活照料服务，包括起居梳洗、买菜做饭、打扫居室、清洗衣被、陪同看病、上门送餐；“2”代表在生活照料服务基础上新拓展的服务，如健康管理、医疗护理、陪同散步、精神慰藉、住房改造以及其他特殊需求服务（见图 3–4）。

（2）“互联网 +”养老模式

“互联网 +”养老模式是在社区居家养老服务领域引入“互联网 +”技术，借用互联网的优势，结合物联网技术，为居家老人提供包括生活照料、健康管理、医疗护理、精神关爱等方面的个性化服务。它通过改变信息交流传递方式、强化资源配置整合力度、提升服务管理效率等手段，对现有居家养老服务模式存在的各种问题予以解决，将为居家养老的发展带来革命性的改变（见图 3–5）。

从资源的优化配置角度看，利用互联网的信息收集、信息存储、信息传播功能，为每位居家老人建立“社区服务电子档案”，其中包含每一位老年人的身体健康数据和需求服务，为社区养老资源的优化配置创造条件。从供需对接角度考虑，利用互联网的信息及时共享、信息交换、大数据分析等功能，建立一个社区居家养老服务信息

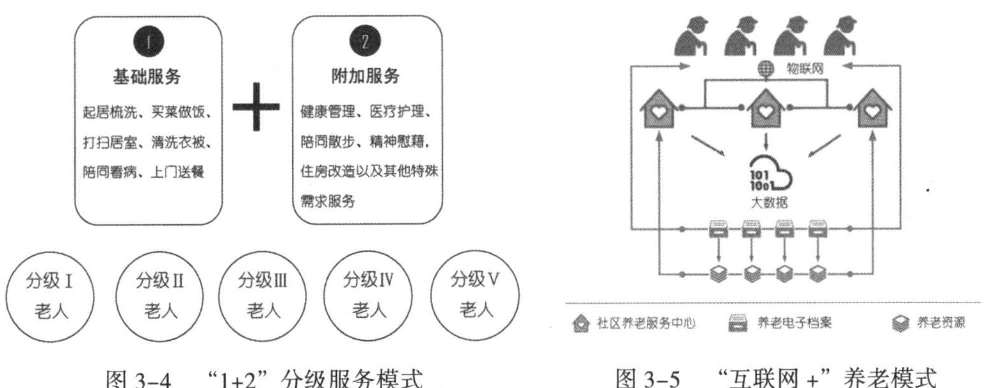

图 3–4　“1+2”分级服务模式

图 3–5　“互联网 +”养老模式

平台，及时收集和更新老年人的各项需求，可以为资源调配和精准提供各项养老服务，甚至为跨地区调配养老资源创造条件。

（3）特色居家养老服务中心服务设计

因此，我们提出社区居家养老服务分级制。由于老年群体存在丰富的个案性，服务需求的种类非常繁杂，为了提供统一而标准的养老服务，对老年人进行服务分级显得格外重要。

结合中国城乡老年人口状况跟踪调查（SSAPUR）与日本、美国等发达国家的分级标准，我们选择 7 项基本日常生活自理能力（BADLs）、10 项工具性生活自理能力（IADLs）作为评价标准（见表 3-8）。

表 3-8　特色居家养老服务分级标准

7 项基本日常生活自理能力（BADLs）		
级别	分数段	描述
1	76~100	可以进行日常生活动作，身体机能较正常，为了预防老人身体机能退化而需要进行护理的状态
2	51~75	移动能力下降，需要在护理员的帮助下进行走路、起床等活动
3	26~50	动作能力显著下降，日常生活需要护理人员的全面协助
4	0~25	传达想法变得困难，在缺少护理的情况下没有办法生活
10 项工具性生活自理能力（IADLs）		
级别	分数段	描述
1	42~56	可以进行日常生活动作，身体机能较正常，为了预防老人的身体机能退化而需要进行护理的状态
2	28~41	移动能力下降，需要在护理员的帮助下进行走路、起床等活动
3	14~27	动作能力显著下降，日常生活需要护理人员的全面协助

（4）特色居家养老服务中心服务评估机制

特殊情况的老年人可以根据评估结果选择服务模式。在养老服务统一评估机制下，评估员采用一套国际间认可的“老年人健康及家居护理评估”工具，评估老年人在护理方面的需要，并为他们配对合适的长期护理服务，包括老年日间护理中心、改善家居及社区照顾服务、综合家居照顾服务等（见表 3-9）。

评估员会就老年人的自我照护能力、身体机能、记忆力及沟通能力、行为情绪等方面的受损程度、健康状况、环境危机和应付日常生活的能力等做全面的评估，从而识别老年人是否需要长期护理。

表 3-9　社区养老服务中心服务评估机制

评估流程	评估内容
提出申请	老年人及家人向所属地区的社区养老服务中心或负责工作人员提出养老服务申请
初步甄别	负责工作人员进行初步甄别，并按需要转介老年人接受统一评估
进行评估	评估员通过家访及会面为老年人进行评估
解释评估结果	负责工作人员向老年人解释评估结果，包括适配的服务详解和建议
制订照顾计划	负责工作人员协助老年人制订照顾计划，并申请适合的服务评估结果显示有护理需要（身体机能中度或以上程度缺损）的老年人，可申请对应的特殊护理服务

3.4.4 特色居家养老服务中心的运营与管理

（1）特色居家养老服务中心的运营方式

现有社区养老服务中心的运营方式主要包含行政主导型、民办公助型、公建民营型三种方式。具体运营方式如表 3-10 所示。

表 3-10　社区养老服务中心运营方式

	行政主导型	民办公助型	公建民营型
建设形式	利用社区现有设施或因社区合并而闲置的办公场所改建而成	引导养老院、福利设施扩大服务种类和范围，延伸功能建成	采取政府选址新建，吸引非营利组织提供服务，负责日常运营与管理
内部设备	与民办公助型、公建民营型的设备相比，相对简陋	设备齐全，可以利用养老院的设备	设备齐全，大部分设备是由非营利组织购买的
服务内容	与民办公助型、公建民营型的服务相比，相对简单	提供内容丰富的服务，包括三餐、助浴服务等	服务内容比较全面，在规定的内容外，开展了法律咨询、养生保健服务等
利用者人数	设施中利用者相对较少，中低收入老人居多	利用者人数介于行政主导型和公建民营型之间	三种运营形式中，利用者数量最多

行政主导型养老服务中心原则上以吸纳社区内困难老人为主，主要服务对象包括“三无”、失独、特困、空巢、独居老人等。政府为老人提供购买服务，聘请有资质的民间机构或者个人进行承包管理，资金来源主要有政府拨款和慈善基金两种形式，为老人提供免费和低使用费的服务。除了在建立养老服务设施时给予的一次性补贴之外，政府每月为社区内困难老人提供一定时间的免费家政服务补贴，具体的补贴标准

参照养老服务的付费标准。

民办公助型养老服务中心的资金主要来自政府拨款、慈善基金和收费三种渠道，为“三无”、失独、特困、空巢、独居老人和有实际需求的一般老人提供免费和自愿购买的服务。政府应在资金投入、规划设置、土地使用和税收方面给予优惠支持，采取资金补贴或服务购买等方式予以资助和扶持，资助方式包括资金支持与物质支持。政府在养老服务购买资金的补贴方面给老年人的补贴与行政主导型设施的补贴标准相同。政府可以利用居民或企业捐助的资金为老年人每年免费提供棉衣、棉被、捐物及其他生活物质供给。

公建民营型社区养老服务中心来源于政府选址新建，将公建养老服务中心的产权和经营权分离，实行管理引进，通过严格的程序公开竞争招标，鼓励社会化、市场化方式运营，吸引非营利组织提供服务。

（2）特色居家养老服务中心的服务标准

在完善老年人养老服务分级制度后，各分级的服务标准是不同的。为更好地满足老年人服务需求，需要制定科学合理的服务标准（见表 3-11）。

表 3-11　社区居家养老服务中心服务能力配置标准

服务类别	服务项目	服务标准
基础养老服务	提供老年人生活产品（服装、鞋帽、拐杖、餐具、防滑器具、放大镜、助听器、轮椅、呼救器等）	轻度：每月提供 25 小时 中度：每月提供 30 小时 重度：每月提供 40 小时
	提供老年人医疗保健（医疗保健药品、医疗器械、医疗方面及药品、疗养休养等产品服务，保健方面涉及保健品、健身器材、康复器材的售卖或租赁）	轻度：每月提供 30 小时 中度：每月提供 60 小时 重度：每月提供 90 小时
	提供老年家政服务（家庭护理、日常家庭照顾、家政维修、整理家务、代购生活物品、用餐服务、洗浴服务）	轻度：每月提供 20 小时 中度：每月提供 60 小时 重度：每月提供 90 小时
	提供长期的紧急救助服务（一键 SOS 救助、语音一键呼叫服务、安全区域设置、老年人出行实时定位和记录活动轨迹、提醒家人）	轻度：每月提供 30 小时 中度：每月提供 60 小时 重度：每月提供 90 小时
附加养老服务	医疗护理（定期体检）	轻度：每月提供 10 小时 中度：每月提供 30 小时 重度：每月提供 60 小时

续表

服务类别	服务项目	服务标准
附加养老服务	精神慰藉（心理咨询、散步、陪聊）	轻度：每月提供 10 小时 中度：每月提供 20 小时 重度：每月提供 30 小时
	住房改造（旧屋改造、旧屋换新等）	轻度：每月提供 20 小时 中度：每月提供 30 小时 重度：每月提供 60 小时

（3）特色居家养老服务中心的绩效评价与管理

政府在购买社区居家养老服务的过程中必须首先制定出相应的实施细则来引导购买工作的顺利进行，制定出能够统一实施的服务标准、行业规范以及管理制度。其次，必须建立、实施严格的质量监督评估体系，以及严格的控制、监督和评估服务质量与服务效果的绩效评价制度，对服务承接者的综合服务能力进行审核评估。

也可以委托第三方实施绩效评估考核。通过对老年人反馈的服务质量的调查分析，第三方社会机构对政府购买服务的运营主体的服务质量和效果进行监督和评估。各服务提供主体的最终绩效评分将与其得到的政府各项政策优惠补贴直接挂钩，部分评价方式如下所示。

评价主体为社区居家养老服务中心自我评价、服务对象评价、街道办事处（乡镇政府）评价和区民政、老龄部门委托的第三方社会机构评价。

评价指标包含服务流量、服务对象满意度、家属/监护人满意度、服务时间准确率、服务项目完成率、有效投诉结案率。

特色居家养老服务中心根据评价过程中发现的问题与建议，不断提高服务质量。

（4）特色居家养老服务中心的服务配备

特色居家养老服务中心配备如下服务：日间照料、呼叫服务、助餐服务、健康服务、助浴服务、助医服务、助行服务、代办服务、护理服务、文化娱乐服务等。

（5）特色居家养老服务中心的设施设计

特色居家养老服务中心的设施环境应达到以下要求：

平面布局科学合理，符合老年人生理、心理特征。公共设施与功能相匹配，公共设施符合国家规范，确保老年人居住和活动的空间空气清洁。外部环境符合相关国家标准对环境空气、噪声环境、道路交通的要求。

特色居家养老服务中心选址应满足以下要求：

地形平坦，自然环境良好；基础设施良好，周边的生活、医疗等公共服务设施完备；场地交通便利，标识醒目，方便老年人到达。

特色居家养老服务中心建筑应满足以下要求：

特色居家养老服务中心建筑应为低层建筑或设置于建筑物底层，其安全通道应符合相关建筑设计的要求；出入口为无障碍出入口，出入口处的平台与建筑室外地坪高差不宜大于 500mm，并应采用缓步台阶。

特色居家养老服务中心内部设施应满足以下要求：

用房应分为生活用房、医疗保健用房、公共活动用房和服务用房。生活用房主要包含老年人休息室、公用卫生间、公共餐厅。老年人休息室需要根据服务中心规模和老年人需求设置床（椅）位，且使用的床应符合老年人的生理特征。公用卫生间应与公共活动邻近设置，且应为无障碍厕位。公共餐厅应使用可移动的、牢固的桌椅，为护理员留有分餐、助餐空间。公共空间内应沿墙安装安全扶手，并宜保持连续。同时，公共活动用房、生活用房及卫生间应设立紧急呼叫装置，紧急呼叫信号应能传输至护理站或总值班室。

第四章

特色居家养老服务模式驱动的产品系统创新设计

4.1 适老化产品定义与类型划分

4.1.1 产品定义

适老化产品主要指在家庭住宅、商业场所、医疗机构、教育单位等公共场所与空间中充分考虑到老年人的生理、心理与行为特征做出相应的有特殊化设计的产品，主要包含无障碍设计、通用性设计等。

目前，国内适老化产品的开发设计主要包括以下 5 个维度：（1）公共空间的适老化改进与建造；（2）设施体系的适老化建设；（3）手持移动设备及相应穿戴设备的适老化设计；（4）老龄化日常居家产品的优化设计；（5）适老化医疗设备的开发与制造。

4.1.2 类型划分

居家环境中，适老化产品依据不同的标准可分为多种类型，例如康复类、医疗类、

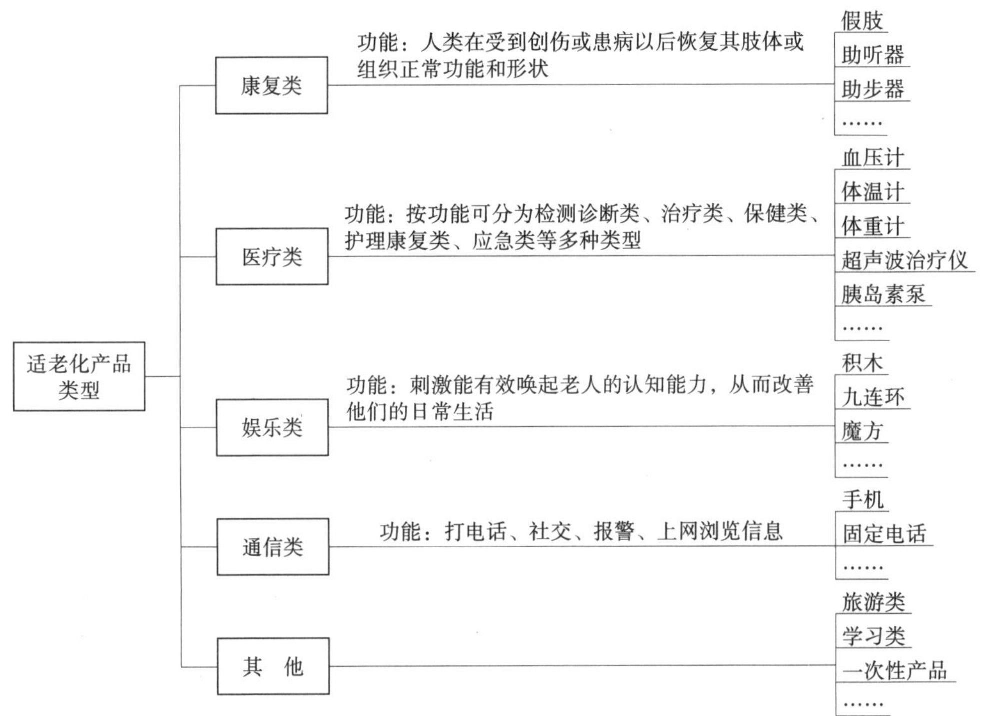

图 4-1　适老化产品类型划分

娱乐类、通信类、旅游类、学习类、洗浴类等，如图 4–1 所示。

（1）适老化居家康复类产品

康复类产品是指人类在患病或受到创伤之后，用于恢复其肢体或组织正常功能和形状的产品。康复产品的覆盖范围非常广泛，涉及多个领域，如医学、生物学、机械学、材料学、计算机科学甚至脑神经学等。如今市场上常见的康复类产品有假肢、助听器、助步器等，这些产品多应用于语言交流、行动、视听和居住等方面。康复工程所采用的装置主要依据现代循证医学（evidence–based medicine，EBM）和连续被动活动（continuous passive motion，CPM）理论，对膝盖、脚踝、髋关节、手肘和肩部等人体关节进行研究。

适老化居家康复产品需要在安全易用、人性化和性价比之间找到平衡点，在设计开始就要充分考虑各种因素，这样才能设计出方便适用、以用户为中心的产品。由于老年用户属于弱势群体，设计师应给予更多的关注，不仅仅是实现产品的功能，更应当注重使用体验、操作逻辑和行为习惯。典型的适老化康复类产品如图 4–2 所示。

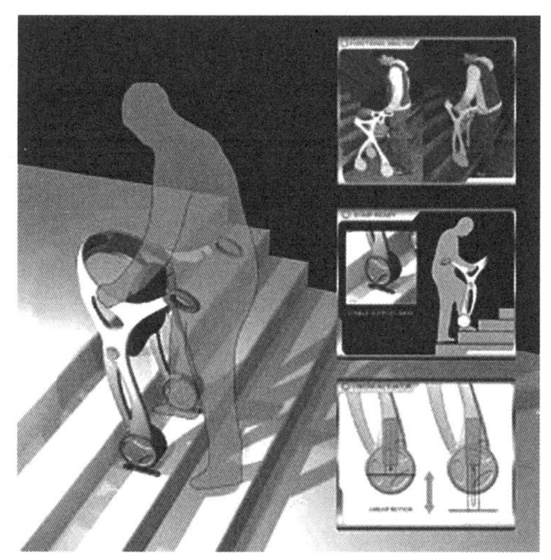
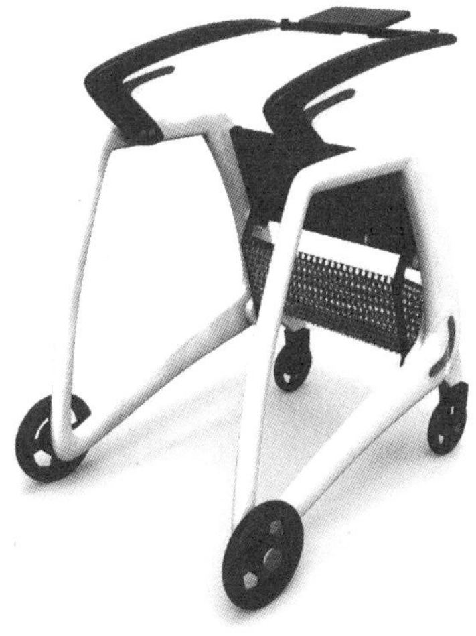

图 4–2　适老化康复类产品

（2）适老化居家医疗类产品

居家医疗产品按功能可分为检测诊断类、治疗类、保健类、护理康复类、应急类等多种类型。检测类用于测定人体生理参数，检查是否有疾病，如血压计、体温计、体重计等；治疗类主要是对疾病起治疗作用的医疗产品，如超声波治疗仪、胰岛素泵等；保健类是指那些对人体健康有正向影响的产品，统称保健类产品，如按摩椅、理疗仪、美容仪等；护理类产品主要是为病人、老年用户或残疾人提供功能恢复并实现生活自理的产品，如功能床、轮椅等；应急类用于救助突发疾病或意外，常见的产品有呼吸机、起搏机、吸痰机、急救药箱等。国内居家医疗类产品发展较慢，且各类产品没有明显的边界划分，因此还没有形成普遍认可的分类方式。随着模块化理念的日益深入，产品设计愈加多功能整合化，这更加大了分类难度。

典型的适老化辅助医疗产品如图 4-3 所示。

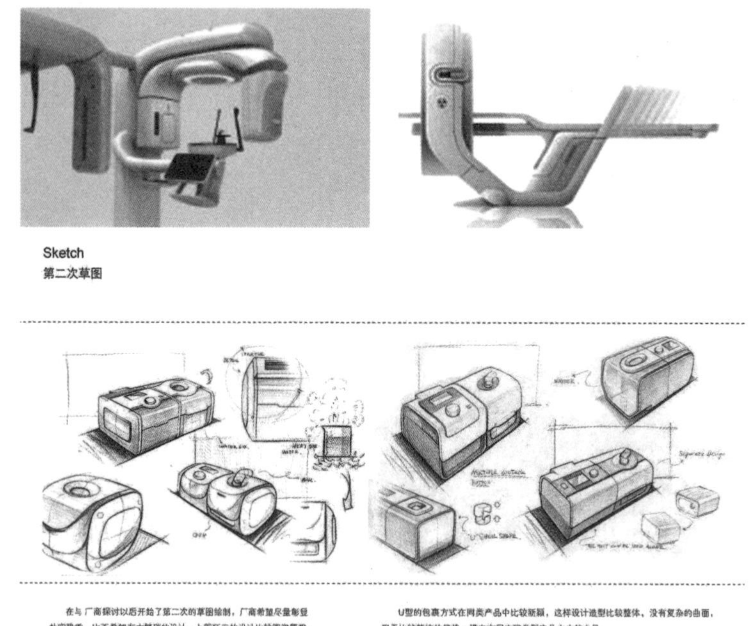

图 4-3　适老化医疗类产品

适老化居家医疗类产品的设计过程中，应充分考虑使用者各方面的感受，包括听觉、视觉、触觉，以及老年人比较传统的审美观念。但不能一味地制作单色调产品，这让产品看起来过于冷淡，不能较好地激发用户的使用兴趣，应适度地选择温和、温馨的感官设计，多依托新的科学技术与功能材料。

（3）适老化居家娱乐类产品

国外适老化玩具产品大致分为三类：第一类，基于日常生活，为了找出老年用户尚未被发现的日常需求而设计的玩具；第二类，由技术推动，用于增强老年用户各个感觉通道和情绪交流的玩具；第三类，用于解决老年用户心理情感问题的社交玩具。国内的适老化玩具设计与研发近年才受到各方面的重视，比起使用这些产品，老年用户似乎更乐意下棋、打牌或者出门遛狗。玩具对于老年用户来说本就属于奢侈品消费，如果功能多且做工精致必然价格不菲，故国内适老化玩具产品种类单一，发展缓慢。典型的适老化玩具类产品如图 4-4 所示。

图 4-4　适老化玩具类产品

（4）适老化居家通信类产品

适老化通信类产品主要是以老年手机为代表，全球无线服务行业需求在很多发达国家已经处于停滞状态，因此很多无线服务行业将目标瞄准了尚未拥有手机或因各种原因无法正常使用手机的老年群体。如诺基亚、三星电子生产商，在设计适老化专用手机时通常只会从大键盘、实体按键和功能简化这三个层面进行考虑，由此对老年用户来说是草率的、不亲切的。这也给一些规模较小的生产商提供了机会，如瑞典 DORO 公司和奥地利 EMPORIA 公司设计的老年专用手机算是较为成功的。

这两家公司的产品主要从手机的外形与配色、系统的操作逻辑与功能设置等方面进行考虑、设计。EMPORIA 手机的特色之处在于充分考虑人机工程学，根据老年人肌肉萎缩情况设计尺寸、形状和功能，大按键、大屏幕、大字体，背部设置紧急按钮，关联 5 组号码。DORO 公司的产品有自己的创新性，外形偏圆润，色彩鲜艳，结合到老年用户的视力特征，屏幕采用了高对比度的配色，除此之外，首次尝试了 6 键和 8 键无屏手机，产品问世后，在欧美老年市场大获成功。典型的适老化居家通信类产品如图 4-5 所示。

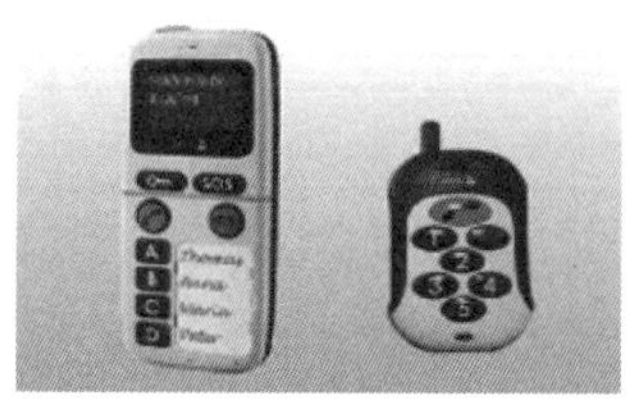

图 4-5　适老化居家通信类产品

（5）适老化居家洗浴类产品

老年人洗浴产品是适老化产品的一个重要分支，主要是依托老年人的行为特征，方便与其出入卫生间并进行相应的洗浴等行为活动，重点关注老年人的生理与心理特征，同时兼顾洗浴过程中的安全性与舒适性。综上，适老化洗浴产品不应仅仅停留在概念与定义层面，而是结合人机工程学，通过需求挖掘、功能要素配置、设计与开发而形成的面向洗浴过程的实体产品族，且应能充分体现安全、健康、舒适、无障碍等设计要素。

目前，我国市面上的主流适老化洗浴产品并不多见，主要涵盖以下几个类别：适老化浴缸、净身器、淋浴椅、花洒喷头、安全扶手等。上述洗浴产品可划归为基础洗浴产品与辅助性洗浴产品两个方向。基础洗浴产品能够单独满足老年人的洗浴需求，辅助性洗浴产品则需要配合主流洗浴产品使用，也可作为附加模块依附于基础产品选择性设计。老年人洗浴产品渗透在老年人的日常生活中。设计合理的洗浴产品不仅能够满足洗浴功能，还能帮助老年人放松心情、缓解疲劳；设计失败的洗浴产品，不仅很难满足老年人基本的洗浴需求，甚至会给老年人的洗浴过程带来困扰，严重使用不当将会给老年人的身体带来伤害。老年人洗浴并不是一件轻松的事，特别是诸如进出浴缸时，可能存在较大的安全隐患。

（6）适老化居家家具类产品

适老化居家家具类产品主要包括四项要素，依次为安全性要素、功能性要素、益智性要素、通用性要素。老年人的居家家具设计的首要原则就是“安全”，安全性是老年家具设计的基本保障，让家具在保证老年人安全的前提下提供正常功能。老年人家具表面应当滑润，多使用圆角，避免尖角，尽量少用金属包边和玻璃材质。目前，市面上部分家具采用铝边做装饰，这些金属材质的边角较为锋利，容易划伤皮肤，宜将其改为胶边。起支撑作用的金属框架要尽量将尖角向内装，减少触碰的机会。这不仅局限于家具，墙角、镜子也应该有牢固的镶嵌或固定，避免老年人因挪动而造成安全隐患。玻璃家具应该尽量用有机玻璃代替。在橱柜、衣柜等家具上，尽量使用阻尼器或者防撞缓冲器。阻尼器被广泛用在衣橱、抽屉门上，可以让门较为缓慢地弹回，防止夹手、弹撞的情况发生。

4.2 适老化产品设计原则与案例

4.2.1 设计原则

适老化产品设计原则包括实物产品设计原则与交互类产品设计原则，其中实物产品设计原则涵盖下列 8 项。

（1）安全性原则

安全性不仅是适老化产品，也是所有产品设计的首要原则。若产品在安全方面出了问题，就会失去消费者和市场的信任。老年用户随着年龄增长，身体机能下降，记忆力和判断力都远不如年轻人，易发生危险。在设计产品时，要考虑到产品的容错率。老年用户容易在操作过程中犯错，因此需要安全保障，避免意外发生。最好设置求助报警功能，在老年用户遭遇危险情况的时候，帮助他们完成自救。

（2）设计易用性原则

使用一款新产品时需要学习成本，适老化产品的学习成本越低，也就越符合易用性的原则。大多数老年用户的身体存在不同程度的行动问题，同时也面临着学习能力下降，因此他们很难去使用一个需要复杂学习过程的产品。操作易用性要求使用者在使用过程中，不会因经验、知识和注意力不同而产生差异。易用的适老化产品是老年用户借助生活常识和经验就能操作的产品，包含较详细说明的产品显然不符合易用性的原则。产品易用性具体包含以下三项特征：第一，易学，即用户能快速掌握使用方法；第二，高效，即使用效率高，操作简单且能达成使用目的；第三，易记忆，使用间隔长的前提下不需要重复学习。

（3）产品实用性原则

实用性包括功能实用与人机适宜两个层面。首先是功能实用层面，如今，较多适老化产品集多功能于一身，此类产品的实用性较低，在使用过程中给用户带来不便。

老年用户认知能力不强，产品功能越多意味着操作越复杂，典型的例子就是电视遥控器，从有线到数字再到网络电视，老年人现在面对的是摆在茶几上的至少两个遥控器。如果家中的年轻人还给客厅电视安装了各种游戏设备的话，老年用户会一直卡在第一步，即模式切换，不能较好地使用各部分功能。

其次是人机适宜层面。据统计，中国有五成以上的老年人患有不同程度的“科技恐惧症”，电子产品的操作对老年用户来说非常复杂，在网络诈骗频频得手的情况下更是给一众电子产品增添了危险的气息。人机适宜需要针对老年用户的特殊需求，在产品的造型和界面设计上做到简洁、易懂。

适老化产品功能上的加法并不总是能带来良好的用户体验，适当的简化反而更容易改善老年人用智能产品时的交互感受。简单、适度的功能设置可以帮助老年人更容易地认识和操作产品，并减少记忆和操作负担。在无障碍使用核心功能的基础上，设计者还可根据老年用户的特点适度提供其他使用功能，系统地改善使用体验，这才是更需要研究和亟待解决的问题。

（4）设计美观性原则

美观性在造型上除了需要符合人机工程学外，还需要有细节，同时赋予美学上的思考。细节体现在设计人员对极端案例的重视程度上，让产品更人性化。美学区别于人机工程的标准化、精确化，随着时代的发展与进步，老年用户对自己使用的产品外观也有了更高的要求。然而，一些适老化产品厂家却依旧停留在几十年前的设计思路上，仅仅在功能上满足使用，却没有在老年用户的精神需求上有所进益，而精神需求中很重要的一部分就是审美的需求。据调查，老年人比年轻人更喜欢鲜艳的颜色，而市面上的适老化产品大多局限于黑白灰的配色或者金属色。同样，老年用户对中华优秀传统文化的感情远大于现代简约风格，因此针对老年用户的产品应能体现出中华优秀传统文化元素，满足老年用户的审美需求。

（5）产品通用性原则

对老年用户来说，通用性就是无障碍性，提高各个感觉通道的刺激度，如在涉及视觉、听觉、触觉的产品中增加辅助设计。现在很多操作界面是触屏，不仅是因为年轻人习惯使用触屏，对生产者而言也减少了成本，但物理性操作的机械按键交互才是人们尤其是老年用户认知中的通用语言。

通用设计的概念在产品设计界已有多年历史，但生活中很多的常用产品没能真正做到通用设计。通用设计在公共交通系统和建筑上表现较好，一般有台阶的大楼入口两旁都会有让轮椅通过的斜坡。通用设计不只是为特殊群体提供方便，同时还是社会文明程度的体现。

（6）设计创新性原则

产品设计的创新一般体现在三个方面：技术创新、文化创新和人性化创新。老年产品的创新主要体现在人性化创新方面。它围绕老年用户的特殊需求展开，包括中国老年人的体质、文化、环境等多个方面。

例如，国内老年人喜欢跳广场舞，有针对性地设计与开发广场舞播放器，对于年轻人可能不太合适，但是对于老年人来说就是一件功能与性价比兼顾的产品。

（7）延续性原则

智能产品作为新兴事物，老年人接触时间短，往往会使用旧有的经验理解。他们对于传统的操作模式接受度更高，而比较缺乏对新事物的探索兴趣和耐心。因此，考虑到老年人生活的时代背景，延续传统产品的使用体验和操作方式，更容易引起老年人的联想和共鸣，促使他们更快地接受智能产品的使用方式及思维习惯。

（8）人文关怀原则

适老化智能养老产品不仅要提供安全、易用的核心功能和操作模式，还必须考虑老年人的心理需求和情感体验。如何在使用方式上提供情感关怀和交流功能，也是智能产品设计的重要因素。关注老年人的用户体验，要做到“以老人为本”，体现人文关怀。

交互类产品设计原则涵盖以下 7 项。

（1）最佳的视觉元素

考虑到老年人的眼睛对蓝颜色的阴影不敏感，在交互界面的设计中若使用蓝色元素应降低其对比度。任何适老化的网页和 App 都应该选择使用对比度高的色彩，以便让老年人能清楚地看清界面的变化。

界面中的文本和按钮也应该保持较大尺寸。任何阅读类或点击类的内容都应该按一定比例放大。字体至少应该是 16px（有些可能 12px 也够，但在这种情况下越大越好）。当然，同时要保留字体设置功能，以便老年人根据阅读的特殊需要继续放大或缩小字体，无衬线字体通常是增强屏幕文字可读性的首选。

图标也是老年人特别关注的。设计时应该尽可能地使用文本标记，以便无法识别图标的功能语义时，老年人通过文字能清晰直观地了解图标的含义，同时确保任何文本都是简明的、易懂的。

（2）改善交互

任何设计中，交互都是用户体验的基础，交互路径往往能起到很重要的作用。特别是对老年人来说视觉提示需要清晰易懂，并且易于互动。老年人随着年龄的增长，运动能力呈现显著下降趋势，复杂的手势设计对老年人来说并不友好。手势与行为动作的合理性也是交互设计中应重点考虑的领域。要尽可能让手势简单易用，抛弃需要两根手指以上的复杂手势，采用较为简单的水平、垂直或对角运动手势操作。

（3）交互中的记忆力与注意力

老年人需要更多的时间来吸收他们所看到的信息并采取行动。当面对复杂的交互时，通常情况下他们不能快速获取和处理信息并做出决策。在设计过程中有几种方法可帮助老年人克服上述困难，提高交互界面的友好程度。比如，采用“逐步推进”的交互方式设计，可帮助老年人避免信息处理能力减弱而导致的认知超载，如渐进式交互和极简设计的原则。此外，还应该考虑到老年人的注意力不会被多个同时进行的操作任务或屏幕中的次要信息分散。记忆问题可以通过提供清晰的进度反馈和提醒用户最终目标来克服。如果任务需要对以前的操作进行记忆，避免将任务分割到多个屏幕也是有帮助的，通过包含提示和工具提示，即使是熟悉的操作，也可以变得更加友好。

（4）交互中的动机

老年人与产品交互时通常不会关注实用性偏低的应用程序。然而，如果他们了解与熟悉了以上应用程序或网页信息对日常生活有利，则会使他们产生与产品或系统交互的原动力。和年轻人的交互方式不同，过于游戏化的交互方式不能较好地适用于老年人，保证应用程序简单有用、易于使用是保持与老年用户黏性的最好方式。

（5）交互中的社交因素

老年人通常更喜欢在一个相对有限的范围，与更亲密的人产生联系。该特征在社交网络上表现为他们可能只会与关系较为亲密的朋友和家庭成员联系。所以，如何让有限范围的社交网络变得对他们更有意义，也是需要考量的问题。此外，老年人可能时常会对隐私和安全感到担忧。为了更好地为老年用户服务，交互设计中应该确保隐私和安全设置易于管理，还应该努力做到信息使用的透明，对任何数据都坦诚，以确保得到老年人的信任。

（6）交互中的技术经验

为了使应用程序的交互体验达到最佳，程序设置必须做到能够快速、轻松地从 A 点（一个操作点）到达 B 点（另一个操作点），因此就需要一个简单明了的界面导航。适老化设计中，不仅要确保导航的易于使用，还必须为此设计一份完整的使用指南。老年人有时会对自己的学习能力提出质疑，所以不建议使用隐藏式设计，相反要考虑尽量减少导航中的子层次，并且将菜单保持为单个功能等。

（7）交互中的“用户帮助”设计

老年人在使用程序遇到困难时，需要得到应用程序的帮助，所以，界面上还要确保帮助中心这类功能在前端突出显示。任何一款适老化交互程序，各个细节都要遵循以用户为中心的设计原则，充分了解目标用户的需求，熟悉目标用户的行为特征，才能设计出能提升用户黏性和活跃度的产品。

4.2.2 案例分析

案例一：GlycoTrack 专为老年人设计的血糖仪（见图 4-6）

GlycoTrack 专为老年患者设计，不仅仅是简单的血糖监测，还可以通过数据记录，

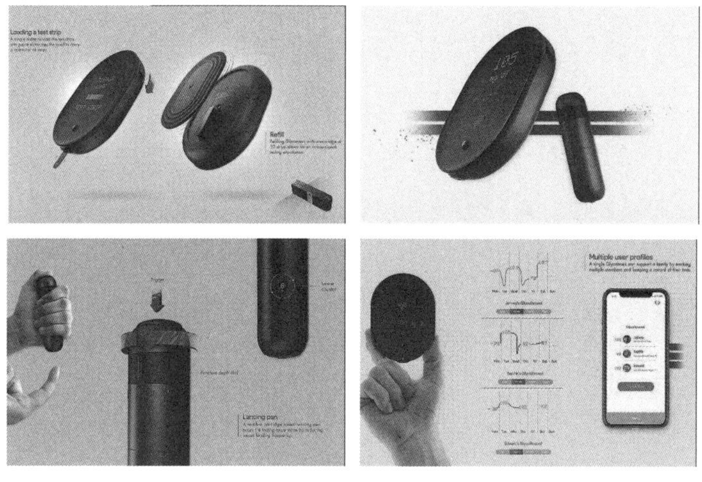

图 4-6　GlycoTrack 设计的适老化血糖仪

分析其变化规律，以便让用户更加直观地对自己的病情进行了解，同时可以对未来的趋势进行预测。其界面设计采用了合适的字体及配色方案，便于老年用户快速读取监测数据，同时可提供日常合理的膳食计划，为老年人量身定制生活方式建议。此外，可以与其他平台与终端连接，以便上传数据让家人及医师远程了解老年人的生理状态。

案例二：Seremoni 专为老年人设计的茶壶（见图 4–7）

图 4–7　Seremoni 设计的适老化茶壶

随着生活水平的提高与传统文化观念的改变，部分老人有请客人喝咖啡的习惯。然而随着年龄的增长，咖啡的供应变得越来越难。水壶通常很重，提起和倾倒运动对于手腕力量较弱的老年人来说是一种挑战。通过对文化与咖啡供应方式的研究，设计师的注意力集中在亚洲特别是日本的茶道上，将现代化的咖啡桌与东方茶道和斯堪的纳维亚文化中的有用元素联系起来，包括一个灰木头的咖啡桌、一个水壶和一个陶瓷的长柄勺。咖啡是通过舀取来提供的，这可以在为客人提供服务时消除繁重的负担。桌子和日本茶几一样，中央有一个洞，水壶就在那里。长柄勺设计靠近水壶内部，手柄有角度，方便使用。

案例三：KEZ Wearable 手环（见图 4–8）

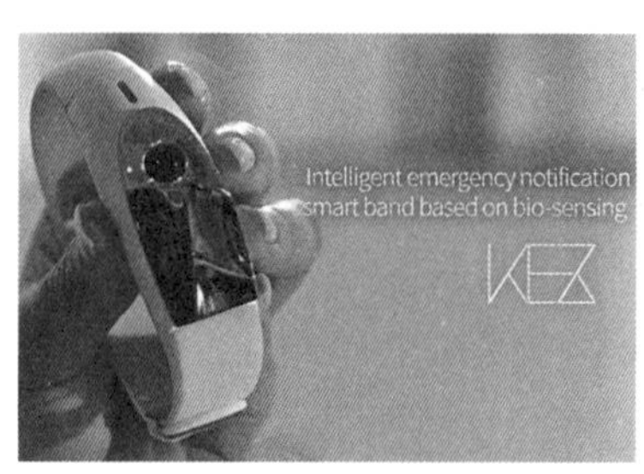

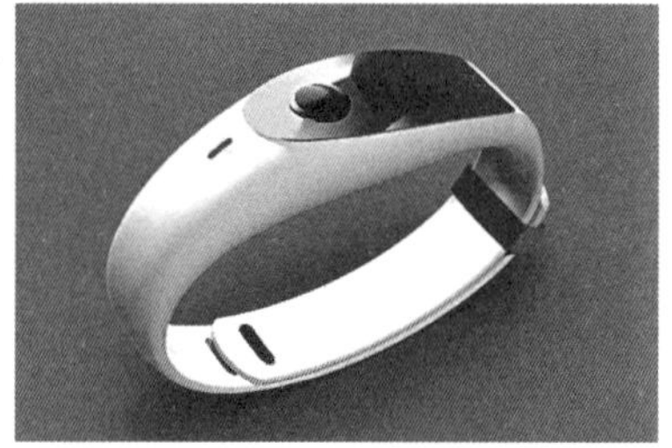

图 4–8　KEZ Wearable 手环

KEZ Wearable 手环的设计可视为“身体的烟雾探测器”，它接收危险情况并发出 SOS 警报。KEZ 可监测的老年人生理指标包括心率、血压、体温、呼吸模式、活动轨迹等。若发生异常情况或现象时，它会立即向监护人或护理机构的人员发出信息。该产品设置了 360° 鱼眼摄像头，以便对现场情况进行紧急拍摄与评估。其配备能持续使用一整天的电池，内置蓝牙芯片，甚至可以提供 3G LTE 连接。

案例四：适老化助行器设计（见图 4–9）

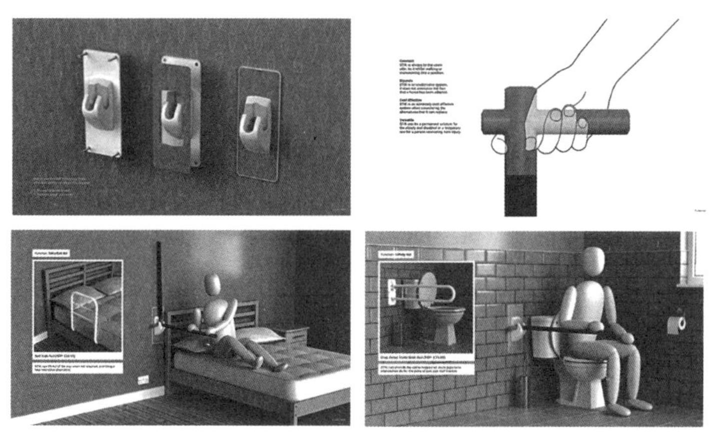

图 4–9　适老化助行器设计

该助行器结构简单适用。日常生活中，老年用户可将其作为拐杖，与居家环境中的墙面挂钩配合，可辅助老年人完成起床、洗浴、如厕坐起等生理性动作，最大限度地便于老年人生活。

案例五：可导航的助步车（见图 4–10）

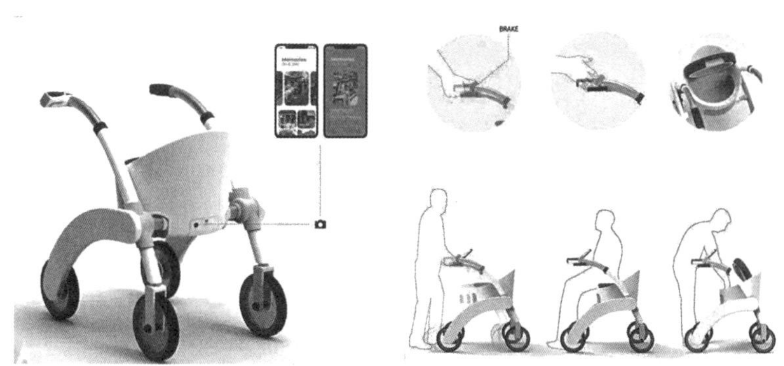

图 4–10　适老化可导航的助步车

这一款助步车可以通过简易的应用程序为用户提供导航。其前置的车载摄像头可以记录旅程信息、照片以备日后回忆，旨在为痴呆症患者提供记忆训练。用户点击主页按钮，可立即导航至家庭地址，并联系护理人员或爱人。自动制动系统防止用户忘记接合制动器。

案例六：适老化三轮车手提箱（见图 4–11）

图 4–11　适老化三轮车手提箱

TAKEME trike 是专门为老年人设计的，其特点是一个折叠系统，能在短短几秒内在骑乘、携带和存储模式之间转换。它有电子三轮车和推车的功能，不同的模式适应各种各样的活动，包括通勤、购物。除了拥有增强稳定性和安全性的三轮设计外，它的自动折叠系统还创造了骑车的体验，深受老年用户的青睐。

4.3 适老化产品设计流程与方法

4.3.1 设计流程

产品设计是一个将需求转化为功能，再将功能转化为零件、结构等设计参数的复杂创新过程。英国的克劳斯教授将不同的产品设计过程概括为两种模型，分别是描述性模型和规范性模型。描述性模型的步骤如图 4–12 所示。

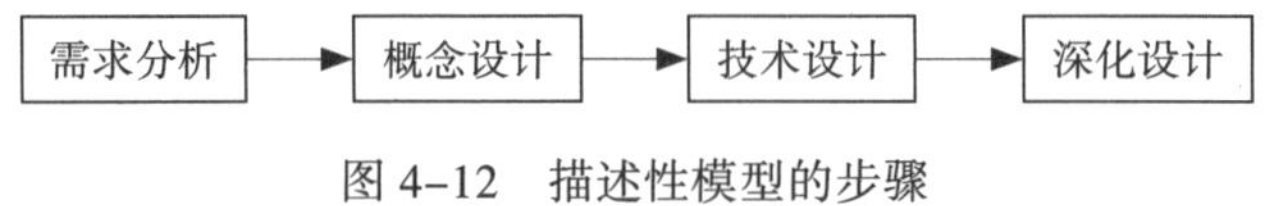

图 4–12　描述性模型的步骤

该模型主要强调概念设计的重要性，属于启发式的设计过程，运用过去总结的经验和标准指导设计。这种模型的优点是有概率产出颠覆性的创新产品，但缺点是产品可能会一直停留在概念阶段，有失败的可能性。规范性模型的步骤如图 4–13 所示。

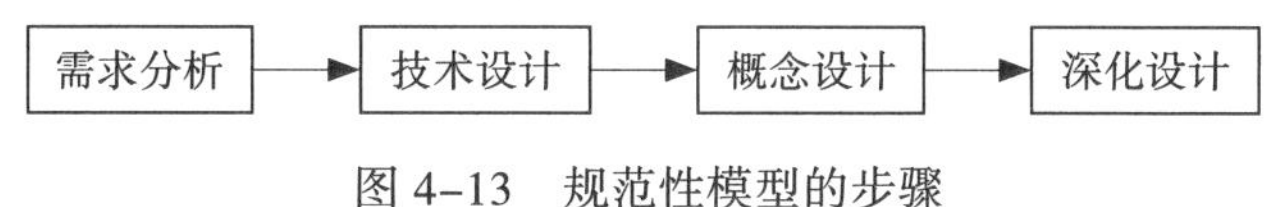

图 4-13　规范性模型的步骤

对比分析可知，规范性模型是将描述性模型中间的两个步骤顺序进行了调换，它主要强调的是在概念设计之前增加对技术应用的了解，属于鼓励式的设计过程。和描述性模型相比，这种模型虽然舍弃了一些创新点，但优点是确保了设计的成功，因此下文产品设计基本流程提取以规范性模型为蓝本展开。

结合适老化居家产品，设计流程分为五个阶段，分别是需求定位阶段、技术分析阶段、概念方案提出与选择阶段、细节调整和评估阶段以及验证改良阶段。

（1）需求定位阶段

需求定位是指设计人员根据老年用户的现实需求，加上对产品发展趋势的掌控，找到同类产品中的突破口，明确设计目标。这是一个寻找设计机会点的阶段。

这个阶段需要考虑的是产品要解决的问题是什么。这从领域调查、竞品分析、用户分析、战略方向、商业目标、产品定位、历史数据分析和用户路径 8 个层面挖掘老年用户的需求。调研过程中，设计人员需要对环境、资源和产品定位有非常清晰的认识，充分了解以上 8 个层面的状况后，基本就能确定产品的需求定位，也就是这款产品应该有什么功能，用来解决什么问题。

需要注意的是，用户有时候并不清楚自己的需求，需要设计人员搭建场景，通过观察和记录找出痛点。

（2）技术分析阶段

技术是产品的核心竞争力。在适老化产品行业，技术创新可以进一步满足用户的需求，方便用户的日常使用。

技术分析阶段，设计人员需要将用户的需求转化为产品上实现的功能，充分了解产品的工艺、结构、材料和成本等问题，让设计过程与生产过程完美衔接，既提高开发效率，也确保了产品的品质。这个阶段的难点在于实现从需求到功能的转化，且要确保转化有效和准确。

（3）概念方案提出与选择阶段

该阶段依据前期得到的需求定位，进一步进行功能和视觉的设计，得出不同风格的多个提案，并对这些提案进行评估，选择最终的设计方向。在这个过程中，需要注意相关规范以及赋予产品特色的问题，在满足人机工程学条件的前提下，需要仔细斟酌外观造型。

关于造型方案的设计，一般包括以下三类情况：第一类是市场型产品。用户的购买行为受到市场上现有产品的影响，设计人员需要对现有产品进行竞品分析，筛选出其中的优质产品，提取这些优质产品中的设计因素进行分析，找到一致性的群聚族，得出一般结论；第二类是改良设计。KJ 法是一种挖掘现有产品改进点较为便捷且有效的方法，需要使用用户访谈法得出初始建议，对改良的方法做出评估后应用于造型的设计；第三类是创新型的设计方法。设计师画出大量的草图作为设计备选方案，再由结构部门分析每个方案的可行性，完善可行性最高的方案后建模。

（4）细节调整和评估阶段

该阶段设计师可以以极度逼真的方式模拟产品的使用场景和过程，例如渲染图或实物模型，从工艺、结构、美学等多个角度进行评估，对不适合的地方做出调整，然后再从整体进行评估。这个过程一般需要重复多次，快速迭代，难点在于参与设计的

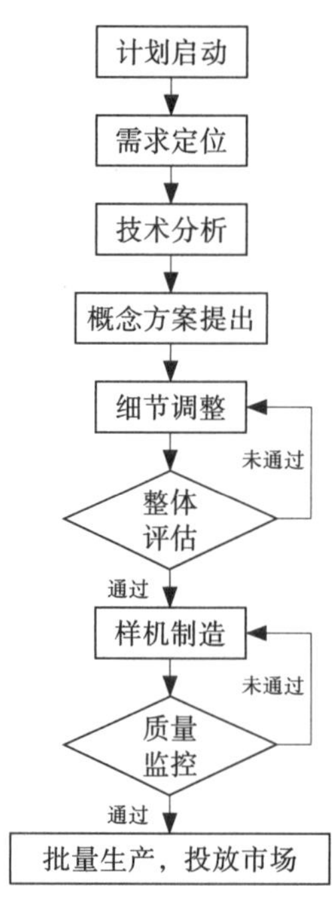

图 4-14　产品设计流程

人员很难做到公正、客观地评价一个方案，因此通常需要外部人员的协助。

（5）验证改良阶段

在此阶段，将生产出来的样机模型进行测试和质量监控，观察相应数据，收集产品进入市场后用户的使用情况及行为数据。如果在设计方面存在重大问题，则需要回收改进，如果是一些小问题，则可以进行产品迭代，对包含互联网系统的产品进行系统更新与修复。验证目标的时候，需要将产品实际使用的用户数据和最初产品的设定参数对比，评估产品是否达到了预期目标，如果没有，找出原因，对相应的细节做出调整或者在下一代产品中更改产品设定中的某些部分，使整个产品更加符合人机工程学，更加美观易用，也使产品更加贴合市场实际需求。综上，总结产品设计整个流程，概括为图 4–14 所示。

4.3.2 设计与研究方法

在适老化居家产品的设计过程中，很多方法和思维方式就像优秀的产品经理可以运用正确的思维把握不同产品的设计流程一样。下面将依据产品设计流程归纳基本的设计方法。

方法一：需求分析法

通过对大量用户的需求分析和预测，对目标用户需求进行定位和取舍，我们发现中国老年人的生活有很多种不同的状态。最明显的对比就是农村的老年人和城区的老年人，农村的老年人每天吃完晚饭后一般看会儿电视就洗漱睡觉了，城区的老年人夜生活更丰富些，因此针对老年人推出的产品需要提取出共性需求。

在需求分析阶段一般需要提出问题，常用的是 5W2H 法和奥斯本设问法。5W2H 指的是从“为什么设计、设计内容是什么、使用场景是什么样、为谁设计、使用多长时间、如何使用、定价多少”这 7 个问题出发，在充分理解了答案后，才能准确找出痛点，发现老年用户真正需要的产品。奥斯本设问法也是从问题出发，主要有 9 个问题，具体如表 4–1 所示。

表 4–1　奥斯本设问法问题提纲

检核项目	含义
能否他用	现有产品有无其他用途、保持不变能否扩大用途、稍有改变有无其他用途
能否借用	能否引入其他创造性设想、能否模仿别的东西

续表

检核项目	含义
能否改变	现有产品能否做些改变
能否扩大	现有产品能否扩大使用范围、增加使用功能、延长使用寿命
能否缩小	能否体积变小、长度变短、重量变轻、厚度变薄、部件简化等
能否替代	能否由其他材料、元件、结构替代
能否调整	能否变换排列顺序、位置、时间、速度等
能否颠倒	能否里外、上下、左右、前后、横竖、主次、正负、因果颠倒
能否组合	能否进行原理组合、材料组合、部件组合、形状组合、功能组合等

方法二：多通道交互设计法

该方法是基于老年用户的多种通道感知的交互设计方法。老年用户由于各个感官功能的退化，因此适老化产品往往需要进行通道补偿。例如，年轻人只要通过视觉反馈就能完成的项目，老年人需要辅助增加听觉甚至触觉反馈，将人的感知能力与机器交互紧密结合，针对不同产品性需要研究不同交互行为，从而选择合适的通道反馈，提高交互效率。

方法三：碎片化解法

碎片化解法是一种偏客观的方法，一般用在需求分析之后，将要设计的对象碎片化分解，以对象本身具有的属性和特征作为维度。以瓶盖设计为例，瓶盖一级碎片化分为上部和下部，二级碎片化将上下两个部分再拆分为外面和内面，最后一级一般为颜色、材质、形状等元素。如表 4–2 所示。

表 4–2　瓶盖的碎片化分解

<table>
<tr><th>碎片化目的</th><th colspan="5">优化矿泉水瓶瓶盖设计，提升用户体验</th></tr>
<tr><th>碎片化对象</th><th>一级碎片</th><th>二级碎片</th><th>三级碎片</th><th>四级碎片</th><th>备注</th></tr>
<tr><td rowspan="10">瓶盖</td><td rowspan="4">瓶盖上部</td><td rowspan="2">瓶盖上部外面</td><td>圆截面</td><td></td><td></td></tr>
<tr><td>环截面</td><td></td><td></td></tr>
<tr><td rowspan="2">瓶盖上部内面</td><td>圆截面</td><td></td><td></td></tr>
<tr><td>环截面</td><td></td><td></td></tr>
<tr><td rowspan="6">瓶盖下部</td><td rowspan="3">瓶盖上部外面</td><td>颜色</td><td></td><td></td></tr>
<tr><td>材质</td><td></td><td></td></tr>
<tr><td>形状</td><td></td><td></td></tr>
<tr><td rowspan="3">瓶盖上部内面</td><td>颜色</td><td></td><td></td></tr>
<tr><td>材质</td><td></td><td></td></tr>
<tr><td>形状</td><td></td><td></td></tr>
</table>

碎片化可以帮助设计人员中立、客观、全面地了解细节。同时，在碎片化的过程中，因为逐层进行分解，有助于设计人员发散思考，作用类似于头脑风暴，但比头脑风暴更严谨些，始终围绕一个具体的产品展开。

方法四：模仿和移植法

所有的设计都是从模仿开始的，这一点和练字、作画相同，被称为典范的设计作品能让设计者学会把握尺度、建立标准，从而理解色彩、材质、工艺和构造的根基。对于一些市面上已有的适老化同类产品，做竞品分析是必不可少的一环，这其实也是学习他人长处的一部分。学习其他产品的优点，摒弃它们的缺点，再结合自己所擅长的，例如对工艺的把握、对造型的打磨等，可以设计出更优质的产品。

方法五：概念评估法

概念评估法需要先建立标准。标准来自前期形成的老年用户研究分析报告，主要评估的是满意度，即老年用户使用该产品的满意度以及身边一起生活的陪伴者的满意度。和碎片化解法一样，设计者可以建立图表，将老年人和监护人分开，根据产品属性，从安全、健身、心理等多个方面，从形态、材料、结构等多个角度逐项评估，看是否满足设定场景中的多种使用预期，是否会产生新的麻烦？

该方法旨在判断哪些设计或想法可以继续发展，对参与设计的人员来说是将自己摆在一个相对客观的位置来评估。根据设计前期得到的需求和原则，根据完成度统计出各部分设计概念的总分，得分越高的部分，也就意味着对用户的价值越大。

方法六：面向关怀设计的 FAST 实验方法

基于关怀设计理念归纳与提出的一种独特的设计方法，即功能分析系统技术方法（function analysis system technique，FAST。该设计法是以用户的特定服务要求为目标，创建服务产品的整体功能体系，来确保产品切实有效地服务于用户。该方法可以自上而下有序地定义、分析和研究用户所需的产品功能，明确功能之间的主次关系，强化功能创新，以提升产品的使用价值。该方法的核心目标是创造有关怀设计理念的功能产品来服务特殊使用群体。例如，针对老年人下肢行动不便与蹲起动作吃力的问题，应用 FAST 方法设计一款助起座椅解决此问题，有助于更好地了解与掌握老年人的产品使用需求。FAST 设计法应用程序是将老年用户的多项需求进行主次排序，转换成产品主项和子项功能模块的关系，经过逐项的设计研究，完成该产品的一套系统设计模型。每个设计模型再经过优化，组成一个完整的无障碍助起座椅，有效地解决老年人下肢行动不便所带来的生活问题，实现产品关怀设计理念与目标。

方法七：面向老年人的视觉偏好实验方法

目前，关于获取视觉偏好的方法主要有：问卷调查法、访谈法、视觉测试版实验法和眼动实验法，上述方法各有优劣。考虑到老年用户的身体状况和情绪的不稳定性，视觉测试板实验方法更适合老年用户，能够方便、快速地获取老年用户对视觉要素的偏好程度和情感的主观描述。老年用户在使用产品时，会根据视觉通道获取产品的信息，获取信息的过程就是视觉的搜索和分析过程。产品的轮廓、颜色和视觉效果主要引导用户的操作流程，作为视觉要素的载体具有基础的视觉引导作用。产品的视觉要素主要包括轮廓、颜色、外观以及视觉效果。外观和颜色的配合是视觉认知产品的基础，也是用户首先感知产品的信息来源。我们可从老年用户角度对形状和颜色属性开展倾向性偏好实验研究。实验中可提取具有不同感性属性的形状轮廓作为视觉偏好实验的素材，色彩测试以色彩的基本属性色相、纯度、明度为实验素材，几种实验素材的选定包含了产品的主要视觉元素原型，将其呈现给老年用户做偏好倾向性选择，具有一定的典型意义。以上实验中选取具有不同形状属性和功能属性的多组形状；依据色相、纯度、明度三大标准将颜色等分为多个色块，并进行编号，具体为依据纯度选择红色由高到低渐变分为多个色块并编号，明度则采用由黑到白渐变分为多个色块并编号，由此制作视觉测试板。实验选取若干名老年用户参加，将视觉测试板呈现给老年人被试，让其根据自身喜好选择形状、色相、明度以及纯度等，并且按照喜好程度将编号排列在测试统计表上，最后将获得的数据进行整理统计。

方法八：面向老年人的听觉阈值实验方法

基于老年人的听觉特征，考虑到老年用户在使用产品过程中需要接收产品声音提示信息并做出判断，挖掘老年用户在使用产品过程中能够辨别的最小听觉阈值，产品的声音提示信息在此最低阈值之上才能被老年用户感知，帮助老年用户掌握产品的工作状态。因此，可针对老年用户听觉感知最低阈值开展实验研究。

方法九：面向适老化产品材质偏好的实验方法

物品材质情感表达的直接体现是视觉产生的，通过视觉感受物品的质感，较为直观地感受到物品材质表面的粗糙或细腻、和谐或混乱。此外，人体碰触到物品时所产生的触觉效果，会让视觉感受到的物品更加真实。触觉对于人体感知外界是非常重要的，但是老年用户由于身体机能衰退，60 岁以上老年用户的触觉感知能力下降，皮肤对触觉刺激产生最小感觉所需要的刺激强度随年龄增加而增加。在老年用户和物品接触过程中，物品的材质形式、构造、肌理通过老年用户的手部传达给老年用户的大脑，让老年用户更全面地了解所接触的物品。基于上述老年用户触觉认知的分析，挖掘老年用户在产品交互上的材质偏好，能够帮助老年用户更好地使用产品，获得良好的使用体验。产品材质主要包括形式、构造、肌理以及质感，不同材质带给老年用户的感受不同。综上可针对常用材质效果从老年用户角度做偏好实验研究，选取若干种常见的产品材质，参考标准化的评价量纲，让老年用户根据自身感受对该材质的喜好进行评价，并询问老年用户对于该材质的主观感受。最后，对老年用户喜欢的材质类型进行排序，并对数据进行分析。

方法十：基于仿生计算的产品设计方法

仿生设计是指仿照生物系统设计新产品，它是在仿生学和设计学的基础上发展起来的一种新的产品设计方法，为产品设计提供了新思想、新原理、新方法和新途径。最初的仿生设计主要是借鉴生物的形态、功能、原理、结构或材料来设计新的技术产品，即产品在形态、功能、原理、结构、材料等方面仿生。更深层次的仿生设计是借鉴生物产生、成长、遗传和进化等原理开发新的设计理论、方法或技术，简言之即“设计方法仿生”。仿生计算是新一代人工智能技术，它为产品设计提供了新的方法和手段。基于仿生计算的产品设计属于仿生设计的范畴，它通过对生物智能的模拟而以此作为实现计算机化的人类设计智能的桥梁，为实现智能设计提供了一种新的有效途径，因此也属于智能设计范畴。自然界有很多生物系统及生命现象可以为人们提供启发和借鉴，从而形成各种产品设计方法。因而，基于仿生计算的产品设计方法实际上是一个方法群。根据借鉴的生物原型或仿生原型，也即所利用的仿生计算方法，基于仿生计算的产品设计方法可以分为很多种类，主要有较早出现的基于人工神经网络的产品设计方法、随后出现并成为研究热点的进化设计方法，以及近年来涌现出来的基于群集智能的产品设计方法和免疫设计方法等。

4.4 适老化产品设计需求层次分析

4.4.1 需求分析与提取

美国著名心理学家马斯洛在其著作《人类动机论》中提出了“需求层次理论”。在该理论中，马斯洛将人们的需求分为五个层次：生理需求、安全需求、社交需求尊重需求和自我需求。将这些需求按照从相对低级到高级的层次排序如下。

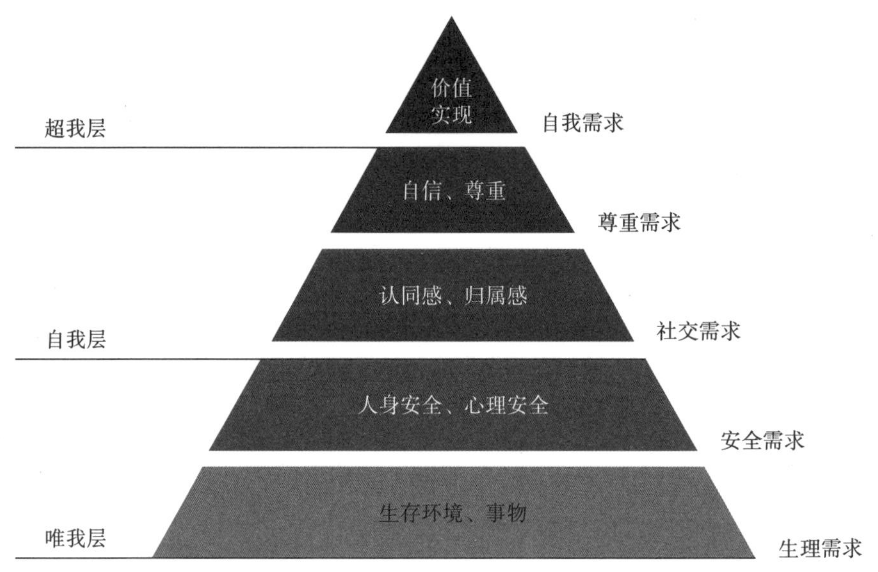

图 4-15　马斯洛需求层次理论

（1）生理需求：生理需求是人类生存最基本和最原始的需求，即人类赖以生存的物质和环境，如水、食物和空气。

（2）安全需求：当个体的基本生理需求被满足后，他便开始寻求相对安全的生存和发展空间，这就是个体对安全的需求。

（3）社交需求：在个体的基本温饱和人身安全得到保障后，社交需求便会成为其生存和发展的主要动力。

（4）尊重需求：除了渴望认同感和归属感外，人类在以上三种层次的需求得到满足后，便会开始希望得到尊重。

（5）自我需求：在马斯洛的理论体系中，最高级层次的需求就是自我需求。个体是否忠于自己的本性、努力发挥自身的潜能以达到自我价值的实现，是评价个体是否能够实现自我需求满足的标准。

在马斯洛看来，随着人类社会的不断进步，低层次的需求将逐渐达到相对满足，这五个层次的需求将呈现由低到高发展进化的层次性规律。当低级需求得到基本的满足后，人类将逐渐向更高一级的需求展开追求，层次越高，被满足的部分占比越少，即越难以完全满足。其原因一般被认为在前两级需求中，人类借助外部条件就能够实现基本的满足；而在后三级需求中，外部条件只能够提供一种环境，真正起主导作用的在于人类自身的内部因素。具体如图 4-15 所示。

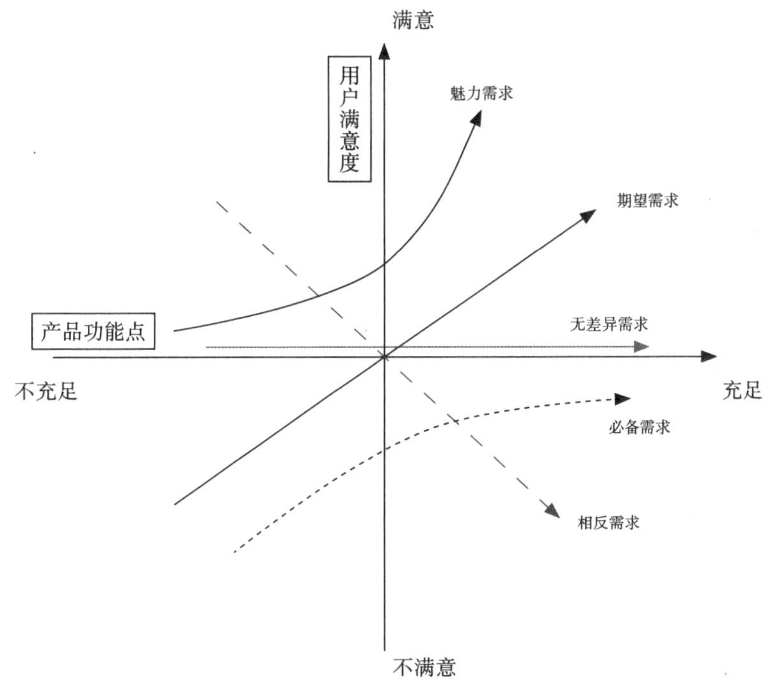

图 4-16　KANO 模型基本理论

4.4.2 需求层次划分与建构

在上一节中，根据马斯洛的需求理论划分了老年用户的需求，并了解到人类的需求呈现出一种正立的金字塔状，只有当底层的生理需求被满足后，才会追求更高，但难以满足自我满足的需求。人类通过不同的工具和方法实现不同的阶段目标，满足不同的需求。在产品设计中，除了划分用户的需求层次外，用户的需求也是多样化和不断变化的。同样重要的是对获得的目标用户需求进行分类，深入研究需求水平，并构建理想化模型。特别是在适老化的产品设计中，由于老年用户群体对产品需求的表露不明显，加上老年群体生理与心理的特殊性， 在设计之初应当对用户的产品需求根据满意度进行层次划分，构建理论模型并进行定性分析。

（1）KANO 模型的基本理论

KANO 模型是由日本东京理工大学全面质量管理专家狩野纪昭（Noriaki Kano）和他的研究团队共同提出的。它在一定程度上能够将用户的需求满意度和产品性能之间的关系通过可视化的图像表现出来。在 KANO 模型理论中，用户对某一产品的需求被划分为五个层次：必备需求、期望需求、魅力需求、相反需求、无差异需求。具体如图 4–16 所示。

必备需求是指用户潜意识中认为该产品应该具有的功能或属性。在进行用户调研时，用户一般不会对此提及。

期望需求是指用户期待产品拥有的某些功能。虽然这些功能不是该产品必须具备的，但是期望需求是否满足却能够成为产品设计是否突出的较为决定性的因素。

魅力需求是指用户完全没有意料到的一些功能属性。用户能够对此感到惊喜，它是一件产品区别于其他同类产品的重要特性。

相反需求是指用户不希望该产品出现的一些功能属性。该需求的满足程度与用户对于产品的满意度呈反比，在设计时应尽量避免该功能属性的出现。

无差异需求是指用户对于产品的该功能属性是否存在并不在意，与用户对于产品的满意程度相关性较小。

（2）KANO 模型在适老化产品设计中的应用

KANO 模型在适老化产品设计中的应用实质可以将其定义为判断某一重量特性为满足用户的哪一类需求的问题。它的创始人设计出了一种评分式的调查问卷来帮助定义产品不同质量属性对应的用户需求，其基本方法可以总结为以下六个步骤。

步骤 1：从用户的角度识别产品的需求属性；

步骤 2：设计基于 KANO 模型的评分式调查问卷；

步骤 3：实施并收集调查问卷；

步骤 4：对调查问卷的结果进行分析，建立 KANO 模型；

步骤 5：使用 KANO 模型分析计算、统计，并对不同属性的需求进行分类；

步骤 6：调整与验证。

其中关键步骤和核心步骤为设计调查问卷并使用 KANO 模型进行分析。一般要对 20~30 个用户进行调查。KANO 模型通过提出两个问题来确定需求的种类：一个问题是，如果产品满足此需求，用户会感觉如何；另一个问题是，如果产品不满足此需求，用户会感觉如何。使用 5 点指标回答每个问题：喜欢、必须、保持中立、可以忍受、不喜欢。需求问卷调查格式如表 4-3 所示。

表 4-3　需求问卷调查的形式

<table>
<tr><th>项目</th><th>状态</th><th colspan="5">用户感受</th></tr>
<tr><td rowspan="2">产品的某种需求</td><td>能满足这个需求</td><td>喜欢
（ ）</td><td>必须
（ ）</td><td>保持中立
（ ）</td><td>可以忍受
（ ）</td><td>不喜欢
（ ）</td></tr>
<tr><td>不能满足这个需求</td><td>喜欢
（ ）</td><td>必须
（ ）</td><td>保持中立
（ ）</td><td>可以忍受
（ ）</td><td>不喜欢
（ ）</td></tr>
</table>

每项需求的调查结果可能有 25 种，归纳计入调查结果分类表中，如表 4-4 所示。

表 4-4　需求等级评判标准

<table>
<tr><th colspan="2" rowspan="2">用户需求</th><th colspan="5">产品不具备的功能属性</th></tr>
<tr><th>喜欢</th><th>必须</th><th>保持中立</th><th>可以忍受</th><th>不喜欢</th></tr>
<tr><td rowspan="3">产品具备某功能的属性</td><td>喜欢</td><td>Q</td><td>A</td><td>A</td><td>A</td><td>O</td></tr>
<tr><td>必须</td><td>R</td><td>I</td><td>I</td><td>I</td><td>M</td></tr>
<tr><td>保持中立</td><td>R</td><td>I</td><td>I</td><td>I</td><td>M</td></tr>
<tr><td rowspan="2">产品具备某功能的属性</td><td>可以忍受</td><td>R</td><td>I</td><td>I</td><td>I</td><td>M</td></tr>
<tr><td>不喜欢</td><td>R</td><td>R</td><td>R</td><td>R</td><td>Q</td></tr>
</table>

其中：A—魅力需求；M—必备需求；O—期望需求；I—无差异需求；R—相反需求；Q—问题需求。

用户需求满意度的计算方法可以通过用户满意度 Si，再结合 KANO 问卷调查结果分析表中的数据可得到，其公式为：

$$S_i=(A_i+O_i)/(A_i+O_i+M_i+I_i) \qquad (4\text{-}1)$$

$$S_i=(M_i+O_i)/(A_i+O_i+M_i+I_i) \qquad (4\text{-}2)$$

用户满意度与用户需求水平的关系可表达为：

$$S_i=f(K,P) \qquad (4\text{-}3)$$

式中：S—用户满意度；K—可变参数；P—用户需求水平。

对于，魅力需求而言，$\Delta S/S>\Delta P/P$，这里 S 和 P 分别表示用户满意度和用户需求水平，ΔS 和 ΔP 分别表示 S 和 P 的微小变化。类似，对于期望型需求，有 $\Delta S/S=\Delta P/P$；对于必备需求，$\Delta S/S<\Delta P/P$。

由上述公式可推导出：$\Delta S/S=K(\Delta P/P)$，其中对于兴奋性需求，$K>1$；对于期望型需求，$K=1$；对于基本型需求，$K<1$。

由上式（4–3）可推导出：

$$S_i=CP^K \qquad (4\text{–}4)$$

式中：C—常数。

设 S_O 和 P_O 分别为当前的用户满意度和用户需求水平，S_r 和 P_r 分别为用户满意度目标和用户需求水平目标，可得到 $S_O=CS_O^K$，$S_r=CS_r^K$，最终推导可得：

$$K=\log P_r\frac{S_r}{C} \qquad (4\text{–}5)$$

当使用 KANO 模型方法设计适老化产品时，我们可以更清楚地衡量产品特性对于用户的重要性。通常，用户的满意度被分为从“非常不满意”到“非常满意”的程度，以便用户选择满足他期望的评价程度。该评估方法的缺点是假设用户满意度和产品特性之间存在线性关系。但是在某些时候，两者之间的关系并不总是线性的，这可能导致无法找到老年用户真正需要的产品特性。KANO 模型使用二维模型来探索用户的需求，并从用户的角度探索不同的产品属性。与专注于研究用户偏好的传统方法相反，卡诺模型更侧重于探索影响用户满意度的因素。KANO 模型不仅提供了不同类型产品特征的清晰定义，而且还给出了不同类型特征和高级用户满意度之间的关系，以便更好地识别老年人的不同需求。

4.4.3 需求层次理论模型

通过使用 KANO 模型对用户的个性需求进行分析，能够得出在进行产品设计时需要注重的用户某一方面需求以及与其相对的产品功能。尽管 KANO 模型能够通过设计合理的调查问卷将产品不同的功能质量属性进行分类和排序，并为功能属性和用户需求建立较为准确的映射关系，但是在进行设计时，用户需求与产品功能常常发生变化，特别是在进行适老化产品设计时。老年用户群体的生理情况变化常常呈现偶然性，其心理状况受环境影响也较大，所以在设计时尽管使用KANO模型分析得到了其基本需求、兴奋需求、期望需求等，但在相对较长的设计周期过程中，老年用户的需求随着生理与心理需求的不断变化而变化，而现在的兴奋需求可能变成基本需求，也可能由于用户本身生理机能下降而变为期望需求，所以在不断呈现动态性的用户需求中，需要通过使用质量功能展开（QFD）理论，通过将用户需求和相应的产品或服务性能之间的关系构建出直观的矩阵框架，以此来保证在设计过程中用户需求被保持在设计的核心位置。

QFD理论由日本质量专家赤尾洋二（Akao Yōji）博士提出，是一种面向用户需求的产品开发决策方法。其过程通常包括产品计划、零部件计划、工艺计划和生产计划四个阶段。质量功能展开的第一个阶段，被称为质量屋，如图4-17所示。

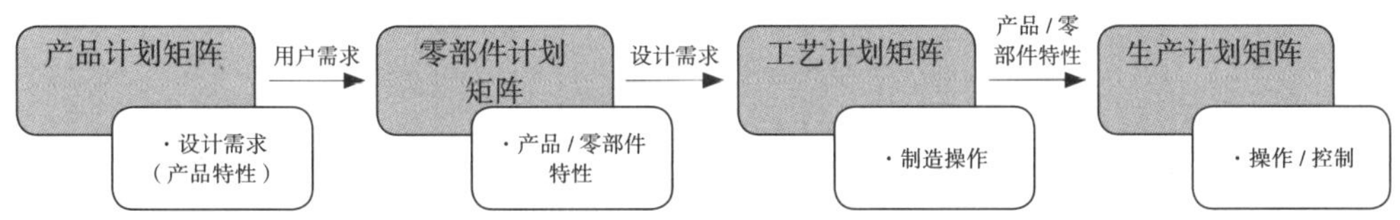

图4-17　质量屋阶段

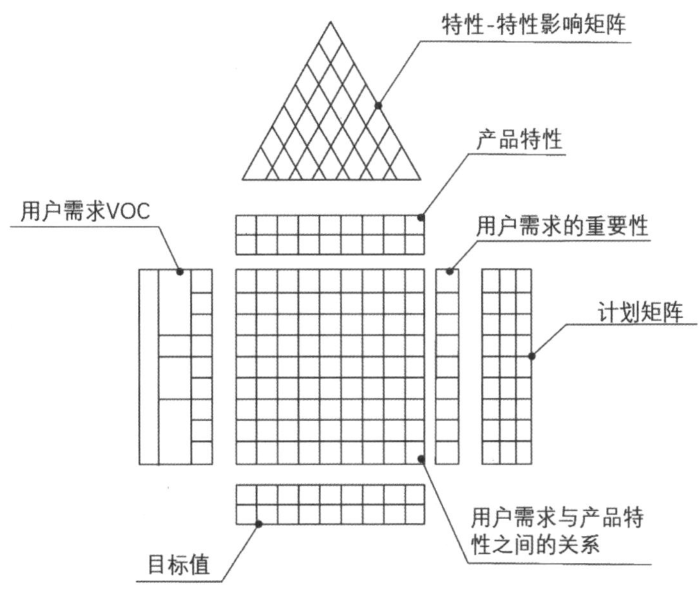

图4-18　质量屋结构描述

质量屋是一种用于确定用户需求和相应产品质量特性或服务性能之间关系的图示方法，是直观的矩阵框架表达形式。其基本框架形状和“房屋”造型相似，在使用时输入信息，分析并评价得到输出信息，通过这种方法可以进行产品功能和用户需求的转换。也就是说，质量屋是一种用于研究“用户需求什么”和“产品如何设计”之间关系的理论模型，以及两者之间如何转换。例如，在老年人多功能床的开发设计过程中，前期用户调研得到了老年用户对于产品的若干需求，比如安全可靠、能够升降、操作简单等，然后调研人员与设计人员通过质量屋共同工作，将目前技术无法实现的一些需求排除，确定最终实现不同需求可行的具体方式。具体如图 4-18 所示。

这 6 个部分分别是：“左墙”用户需求。这一部分用于分析和确定顾客的需求及其重要程度。用户需求作为质量屋模型的输入信息，应该能够简单明确地描述用户对于产品的需求。该部分信息主要来源于前期调研，并通过 KANO 模型对其进行分析、排序，确定各项用户需求的重要度。

“天花板”产品特性。产品特性是满足顾客需求的手段，因产品不同而存在差异。在此步骤中，设计者应当开始尝试提出有效的工程措施，即针对不同的用户需求对应的产品功能和实现他们的技术手段。

“房间”用户需求的重要性及其与产品特性之间的关系。这是矩阵的本体，反映产品特性对每个顾客需求的影响程度。通过分析用户需求与产品特性的关系度，能够得出各项工程措施对各项用户需求的贡献程度和相关程度。

“地下室”目标值。这一部分用于分析企业的现有技术水平及其发展战略对于新产品中每项产品特性实现时工程措施水平的影响度。

“屋顶”特性与特性之间的关系。该部分中用户研究每个产品特性之间的关系。通常一个特性对于另一个特性的影响呈现负面状态，通过使用这种三角形的相关矩阵，我们能够更好地分析它们之间的影响，从而获得更优化的方案。

“右墙”目标值计划矩阵。矩阵中包含 3 列，分别代表现有产品所需要的改进、改进后可能增加的销量以及每个顾客需求的得分。

质量屋是一个结构化、面向设计的交流工具，对设计师起到有效的辅助作用。基于对矩阵的研究，设计师找出关键的零部件、制造操作环节等，在较短时间里设计出既满足顾客需求又满足制造条件的产品。一般来说，其构建流程如图 4-19 所示。

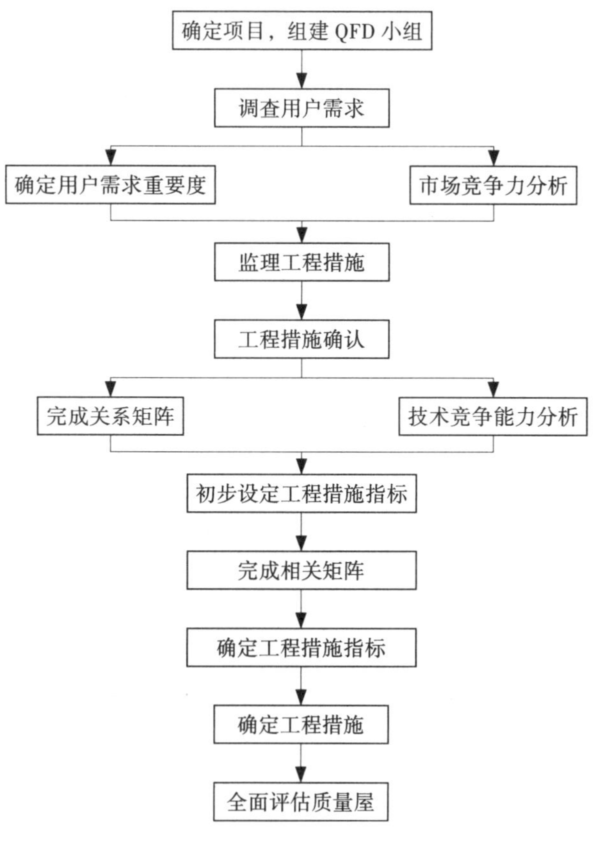

图 4-19　质量屋构建流程

完成质量屋的构建后，其成员视项目需要加入市场营销、计划管理、质量管理等其余辅助人员。为了更充分地分析和准确把握用户需求，也可以邀请顾客代表加入 QFD 小组。在 QFD 项目实施的过程中，小组各成员根据自身的工程技术知识和经验为设计过程中可能存在的问题提出预设，并将问题解决在设计之初的萌芽状态，以此确保 QFD 项目顺利进行。其小组工作流程如图 4-20 所示。

4.4.4 需求导向的适老化产品设计策略

居家养老是目前我国老龄化社会下的主流养老模式。随着养老问题愈来愈突出，为老年人建立一个基于科技和互联网的智能养老服务系统越来越成为许多企业及研究机构乃至全社会关注的问题。然而，目前的居家养老服务模式仍然处于起步阶段，尚

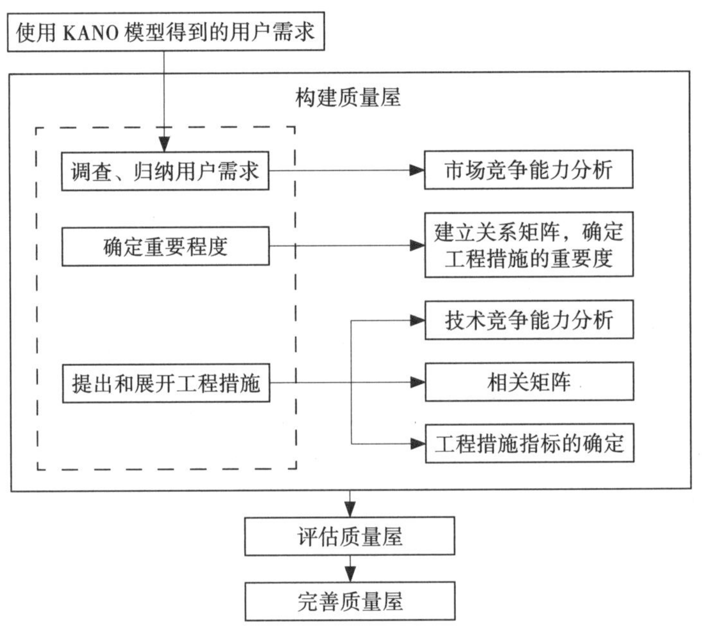

图 4-20　QFD 项目小组工作流程

未构成一个完整的服务体系。但是许多地方和政府、学校和科研机构已经开始开发一些居家养老服务系统中的适老化产品，如社区一卡通、智能药盒、适老化卫浴产品等。本节将简单归类并介绍现有居家养老服务模式中的适老化产品类别。

（1）辅助健康管理产品

对于老年人来说，由于其身体机能退化，大部分老年人或多或少地患有一些慢性疾病，如高血压、糖尿病等，以至于对其居家养老的日常生活产生一定的健康隐患。该类产品主要通过智能传感、互联网大数据等技术，实时关注老年人起居、出行等日常活动，并能够通过观测、分析、预警等功能，来保证老年人即使没有其他家庭成员、医护人员的陪伴也能够及时应对突发状况。例如，米家的智能血压计，通过使用智能语音交互以便视力不好的老年人也能够及时获取自己的血压测量信息。此外，4.3 寸彩色大屏幕减少了不必要的视觉信息，达到读数方便、关键信息读取方便的目的。

（2）增强自理能力的产品

由于老年人在行动能力、认知能力、思维能力等方面水平下降，所以在日常生活中看似普通的产品对他们来说也可能存在使用上的困难，甚至可能存在一些潜在的危险。例如在浴缸的设计中，老年人由于关节退化、腿脚不方便，很难进行大幅度的抬腿和跨越动作，加上行动反应迟缓，很容易引发绊倒、摔跤等危险。还有上厕所的起身等动作，这些对于年轻人来说看似很普通、很简单的动作，但是对于老年人来说却可能存在着危险。目前，许多公司研发出的智能升降浴缸、辅助起身的马桶等，都能够很好地解决这些问题，增强老年用户的自理能力。

（3）注重情感关怀的产品

由于老年人行动不便，老年人的日常活动范围都仅限于社区附近的医院、菜市场、超市等，80% 以上的 75 周岁以上的老年人近半年才有一两次出远门计划。这直接导致老年人获取信息途径的闭塞，并给和外界、亲人、朋友等的情感沟通交流带来障碍。尽管智能手机拥有强大、丰富的沟通交流途径方式，但是对于认知能力较差的老年人来说非常不方便。针对老年用户此方面的需求，开发此类基于情感关怀和心理支持，通过软硬件相互配合达到为老年人提供情感关怀的产品，也是目前适老化产品设计的趋势之一。

通过使用 KANO 模型对用户的需求层次进行分析并构建理论模型，我们可以较为准确地掌握好用户的必备需求、期望需求等。使用 QFD 质量功能展开技术，我们可以将用户需求和产品特性很好地结合在一起，避免在产品的设计、制造过程中脱离用户需求，制造出用户满意度较低的产品。

一般来说，适老化产品的设计流程如图 4-21 所示。

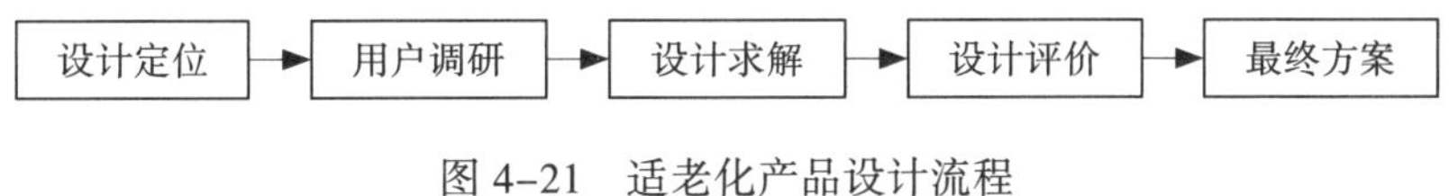

图 4-21　适老化产品设计流程

（1）设计定位

设计定位是前期资讯搜寻、整理、分析的一个过程，在启动设计任务后，设计人员要分析市场上该种类产品的发展现状、同类型产品的优缺点等，确定本次设计的目标用户，并且对目标用户的背景、习惯、特点进行研究。设计定位是一个理论上的、总体的要求，更多的是原则性的、方向性的。设计定位是用户调研和后续设计开展的前提和基础，在实际的设计工作中不断变化。这种变化是设计进程中创意深化的表现。

（2）用户调研

设计者通过问卷、访谈、观察、焦点小组、可用性测试等方法对用户进行调查研究，获取和挖掘用户需求。用户调研是产品设计流程中发现问题的阶段。

（3）设计求解

对上一阶段用户反映出的问题，通过小组讨论、头脑风暴等方式提出初期的概念设计，之后逐步完善，最终形成一个完整的设计方案。设计求解是一个满足用户需求，使产品概念可视化的过程，它是产品设计流程中解决问题的主要阶段。

（4）设计评价

设计团队对上一阶段的设计方案进行讨论、评估，也可以邀请用户一起参与评价，发现现有方案中存在的不足。此阶段可以制作出设计方案的原型，让用户在使用过程中更直观地提出意见和建议。

（5）最终方案

完善上一阶段反映出的设计问题，确定最终的设计方案。生产测试成功后，进行产品的发布。

结合前文中所提到的马斯洛需求层次理论、KANO 需求理论模型以及 QFD 质量功能配置理论与一般的适老化产品设计流程，我们可以得出较为优化的、具有理论模型支撑的、以需求层次分析为导向的适老化产品设计策略。结合以上设计流程和需求理论，建立理论模型与设计流程的映射关系，如图 4-22 所示。

其中，用户调研的核心是发现用户需求，设计求解的核心是实现产品功能以满足用户需求。在产品设计领域，用户需求可以根据马斯洛需求层次理论分为物质需求

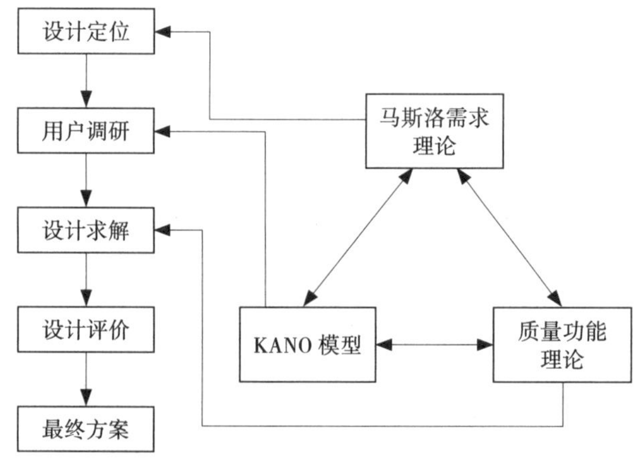

图 4-22 理论模型与设计流程的映射关系

和精神需求，精神需求又分为情感需求和社会认可需求；产品功能方面，可以从产品的本位角度分为物质功能、心理功能和社会功能。基于以上两方面，我们可以确立这种形式的映射关系。产品的物质功能可以满足用户的物质需求，产品的心理功能可以满足用户的情感需求，产品的社会功能可以满足用户的社会认可需求。在此映射关系的基础上，我们可以提出以需求层次分析为导向的适老化产品设计策略。该策略具有需求管理和设计求解两个阶段：需求管理阶段结合 KANO 模型、质量屋、马斯洛需求层次等理论，将用户需求划分到对应的物质需求、情感需求、社会认可需求中，并从重要度和层次类型的角度进行综合分析；设计求解阶段通过物质功能、心理功能、社会功能各自对应的主要解决方法集合，对相应的用户需求进行分步求解。

4.5 适老化多功能床产品设计与研发

4.5.1 居家适老化多功能床的设计分类

前期的理论研究（包括适老化产品类型划分与设计原则提取、设计流程与方法、

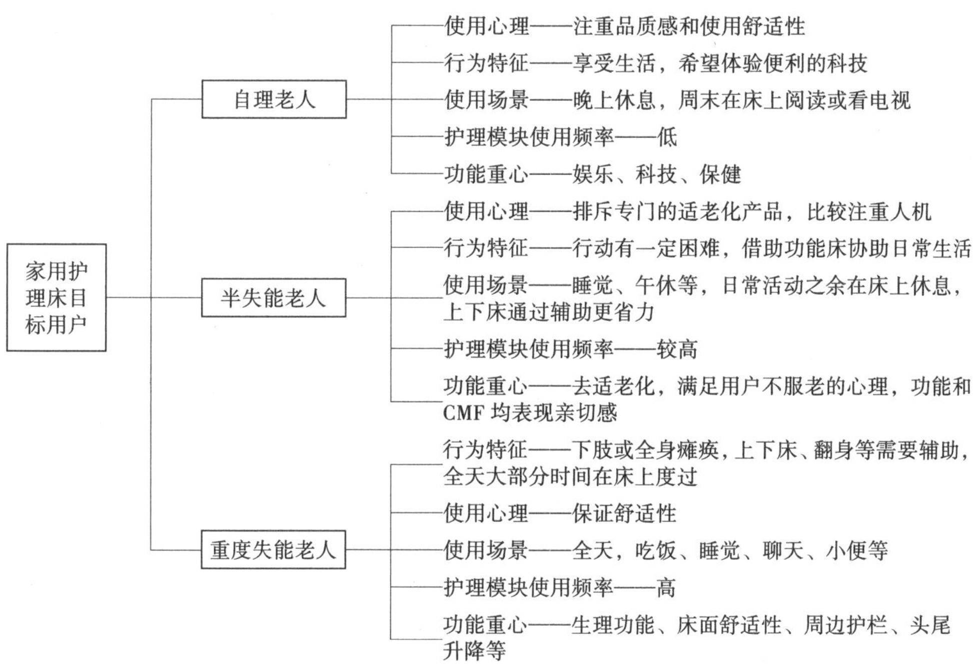

图 4-23 居家适老化多功能床设计方向划分

产品设计的需求层次分析），结合适老化产品设计的经典案例（详见附录 3、4），以及居家适老化多功能床的设计案例（详见附录 5、6），为后期设计实践提供基础。设计实践部分以居家适老化多功能床为例，依据用户类型和使用范围将其分为 3 个不同的设计方向，以便更好地满足不同生理状况的老年用户需求，具体如图 4–23 所示。此外，本次设计实践中，根据实践成果，我们申请了发明专利“一种居家适老化可独立调节的多功能弹簧床架”（详见附录 7）。

4.5.2 居家适老化多功能床的设计草图

部分设计草图如下。

首先是床板与结构部分设计草图（如图 4–24 所示）。

其次是床边桌部件的草图，包含移动式桌架以及可变换角度的桌板设计草图（如图 4–25 所示）。

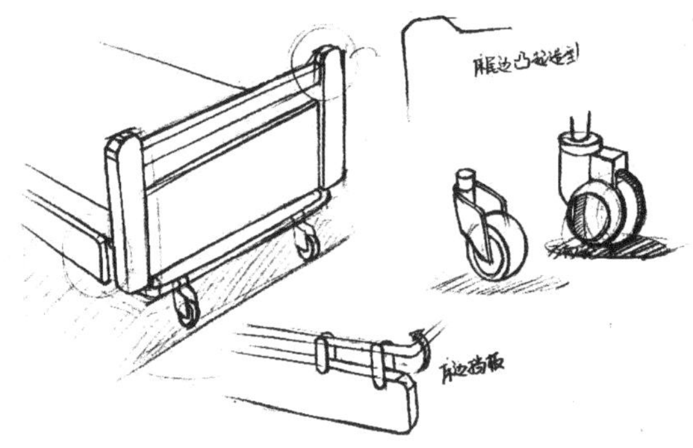

图 4–24　床板与结构部分设计草图

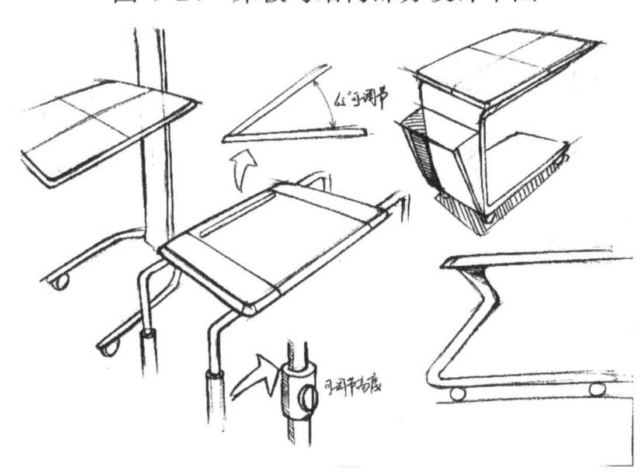

图 4–25　移动桌板设计草图

最后是床边助力设施与护栏设计草图（如图 4–26 至图 4–28 所示）。

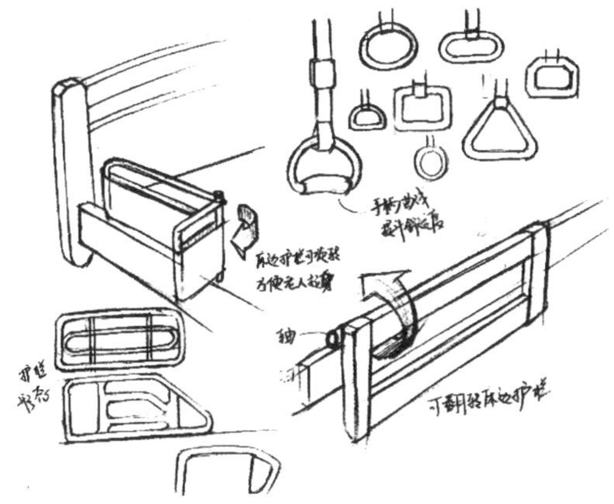

图 4–26　助力设施与护栏设计草图

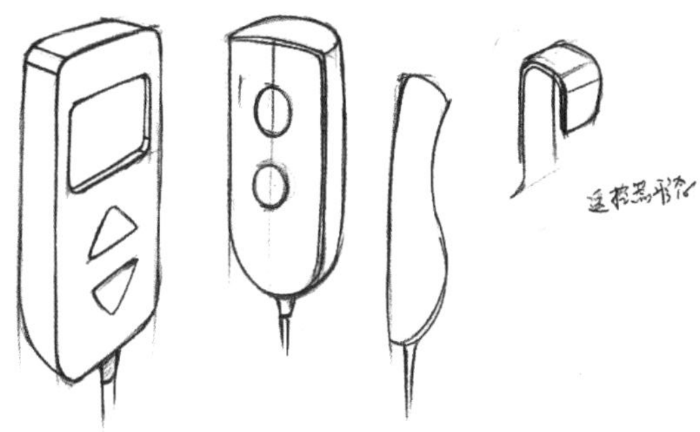

图 4–27　控制部件草图

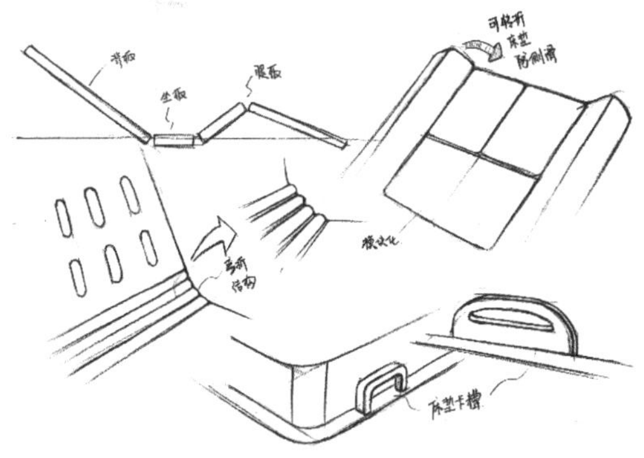

图 4–28　各功能床板草图

4.5.3 居家适老化多功能床的设计实践

（1）面向重度失能老年人的居家适老化多功能床设计实践

设计定位：该方案定位于居家完全失能的老年用户。其行为特征包括：下肢或全身瘫痪，上下床和翻身等需要辅助，大部分时间在床上，多功能床的护理模块使用频率较高。床的设计方面更注重功能与操作，侧重于满足失能老年用户的生理功能，关注床面和床垫的舒适性、床体升降和帮助失能老年用户改变体位特征等设施。与此同时，产品使用环境为日常居家环境，形式上更加简洁温馨。

设计说明：本居家适老化多功能床的设计方案由基础模块与附加模块构成。其中基础模块主要有以下几个部分：第一，前后可升降床体。床体设有前、后两个升降模块，每个模块配有升降电机，根据实际需要抬高或降低床面高度。可整体升降或局部升降，便于将失能老年用户从多功能床转移到其他辅助护具上。第二，可调节角度床板（背板、坐板、腿板、脚板）。多功能床背板、坐板、腿板、脚板可根据用户的需要自行调节角度，便于失能老年人完成坐起和躺下、曲腿和伸腿等相对应的生理动作。第三，滚动式助力翻身床单。床单为一体两面式，包裹在一侧护栏滚轴上，同时铺在床垫上，通过摇杆手柄转动摇杆带动护栏滚轴转动，使床单循环转动，便于帮助失能老年人换床单和在床上完成翻身动作以及从床向其他辅助护具转移。第四，多功能床垫。床垫材质具有透气性强、高弹力等特点，同时对其进行适当的分割，使其可根据调节的床板角度而发生形变，便于搭配多功能床使用，增强失能老年用户的舒适性。第五，可调节高度护栏。床体配有可调节高度的护栏，护栏可在床头与床尾板护栏滑槽的相应区间内滑动，不需要时可滑动至床面高度以下，便于对失能老年用户进行有效防护和转移。第六，4 个独立控制万向轮。多功能床的床底配有 4 个独立控制锁定与活动的万向轮，通过调节轮锁摇杆来完成锁定和活动，便于在居家环境中完成多功能床的转移和固定。

附加模块主要包括三个部分。第一，多功能拉环。多功能床的床头可选配多功能拉环，拉环可在床头金属滑杆相应的区间滑动以便调整位置。拉环的高度可通过伸缩调节，拉环角度可通过旋转调节，便于下肢瘫痪老年人借力上肢完成一些生理动作，进行康复训练或挂放衣物。第二，可调角度床头灯。选配的床头灯可在床头金属滑杆相应的区间滑动以便调整位置，同时可根据用户需求调整至合适的角度和位置，便于老年人在床上阅读和起夜照明。第三，拆卸式床尾储物架。床尾储物架可在床尾金属滑杆相应的区间滑动以便调整位置，同时满足用户收纳一些床上用品的需求。

根据上述设计定位及设计说明，本设计方案将从产品尺寸图（见图 4–29 至图 4–31）、产品渲染效果图（见图 4–32 至图 4–34）以及产品细节图（见图 4–35 至图 4–43），进行产品方案展示。

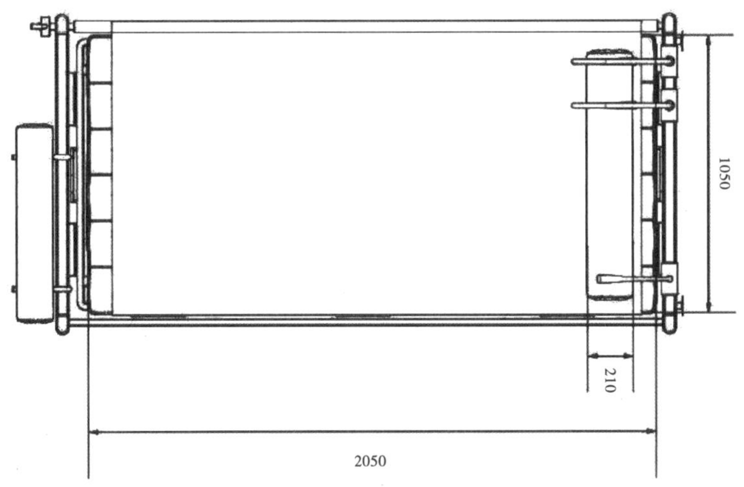

图 4–29　居家适老化多功能床（重度失能）产品尺寸图 1

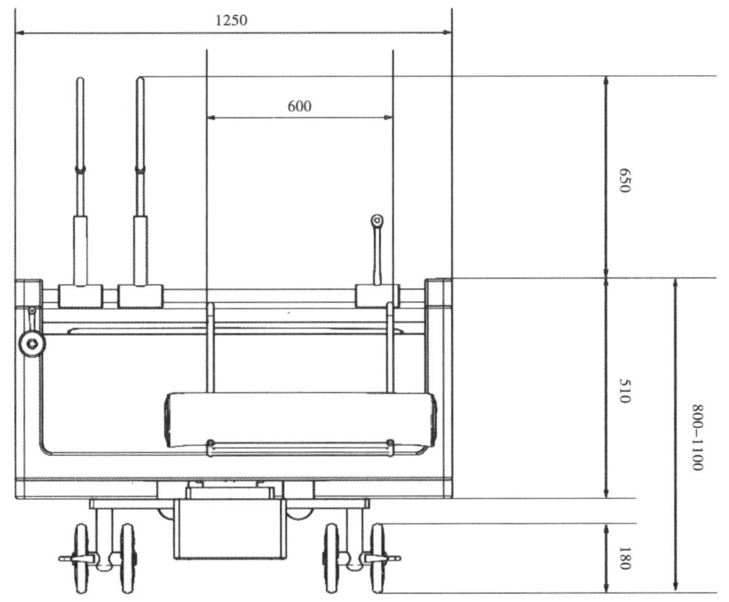

图 4–30　居家适老化多功能床（重度失能）产品尺寸图 2

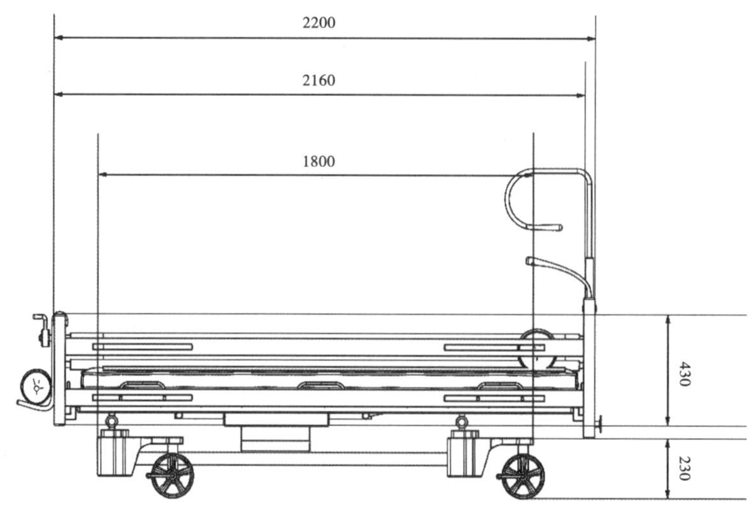

图 4-31　居家适老化多功能床（重度失能）产品尺寸图 3

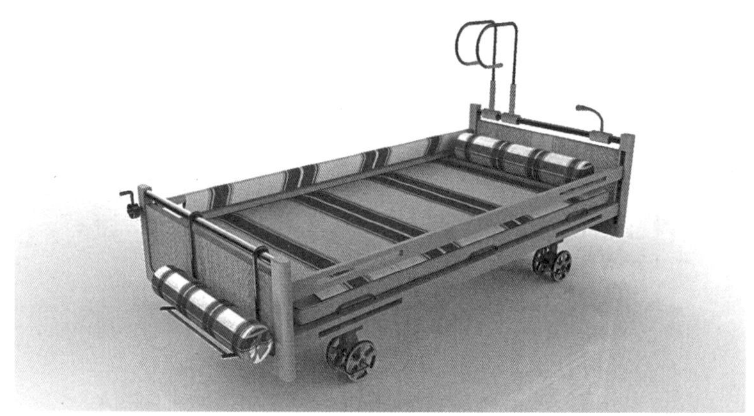

图 4-32　居家适老化多功能床（重度失能）产品渲染效果图 1

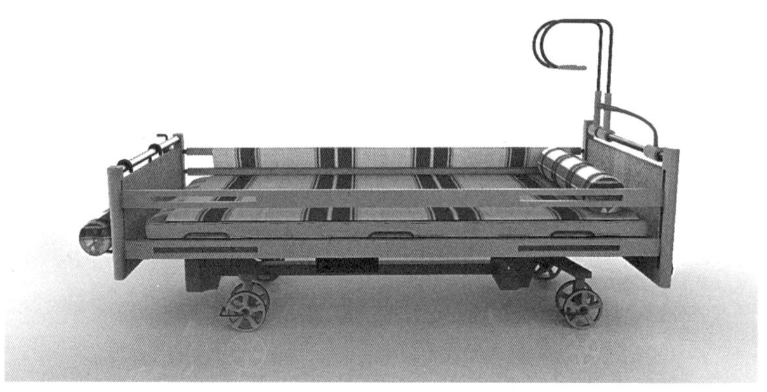

图 4-33　居家适老化多功能床（重度失能）产品渲染效果图 2

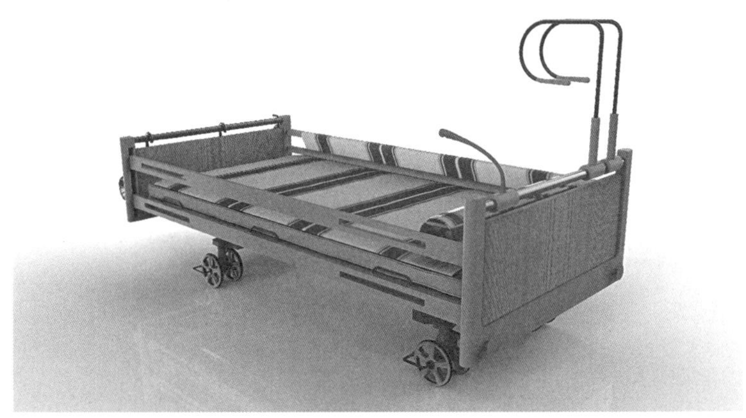

图 4-34　居家适老化多功能床（重度失能）产品渲染效果图 3

图 4-35　居家适老化多功能床（重度失能）可调节角度床架细节图

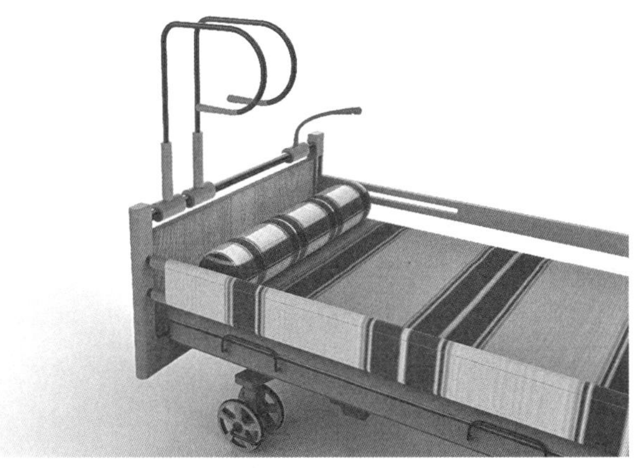

图 4-36　居家适老化多功能床（重度失能）床头附加模块细节图

图 4-37　居家适老化多功能床（重度失能）床体升降结构细节图

图 4-38　居家适老化多功能床（重度失能）床体可调节护栏细节图

图 4-39　居家适老化多功能床（重度失能）独立控制万向轮细节图

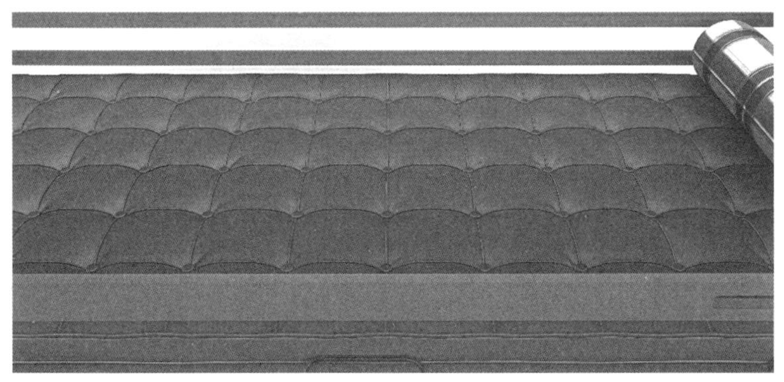

图 4-40　居家适老化多功能床（重度失能）多功能床垫细节图

图 4-41　居家适老化多功能床（重度失能）滚动式助力翻身床单细节图

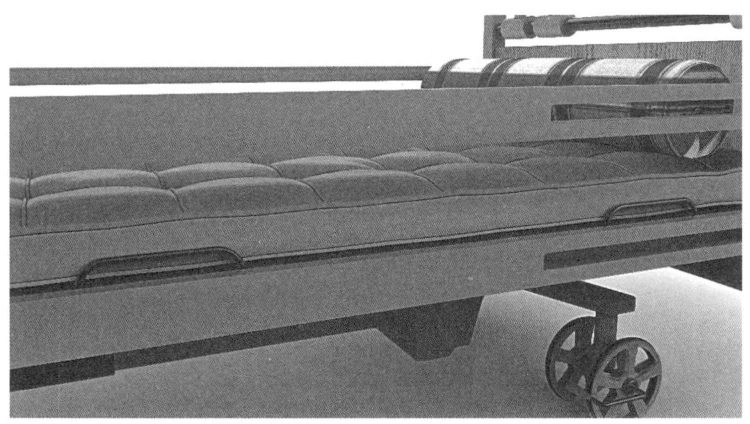

图 4-42　居家适老化多功能床（重度失能）床垫卡扣细节图

图 4–43　居家适老化多功能床（重度失能）可拆卸式床尾储物架细节图

（2）面向轻度失能老年人的居家适老化多功能床设计实践

方案一

设计定位：该方案定位于居家轻度失能的老年用户。其行为特征包括：独自完成日常生理行为有一定困难，需要外界的辅助，通过多功能床协助其日常生活，多功能床的护理模块使用频率相对较高。其心理特征包括：较为渴望通过辅助器械协助完成生活中的行为活动，但对于形式感上专用的护理类产品存在抵触心理。床的设计方面更注重人机功能与形式感，侧重于满足半失能老年用户的生理功能，同时要注重产品外在的形式感，应与居家舒适和温馨的环境相融合，尽量减弱半失能老年用户对产品在心理上产生的恐惧和抵触。

设计说明：本居家适老化多功能床的设计方案由基础模块与附加模块构成。

基础模块主要有以下几个部分：第一，可调节角度床板（背板、坐板、腿板、脚板）。多功能床的背板、坐板、腿板、脚板可根据用户的需要自行调节角度，协助半失能老年人完成坐起和躺下、曲腿和伸腿等相对应的生理动作，增加其使用时的舒适性。第二，多功能床垫。床垫材质具有透气性强、高弹力等产品特点，同时对其进行适当的分割，使其可根据床板角度的调节而发生形变。便于搭配多功能床使用，增强轻度失能老年用户的使用舒适性。第三，可调节高度护栏。床体配有可调节高度的护栏，护栏可在床头与床尾板护栏滑槽的相应区间内滑动，不需要时可滑动至床面高度以下，便于轻度失能老年用户上下床。第四，可拆卸式床尾板。用户可根据自身实际需要拆装床尾护板，满足不同居家环境中的使用需求。第五，床底部移动设施。多功能床的床底配有 4 个万向轮，可根据需要将万向轮设为固定或移动模式，便于用户在居家环境中自主完成多功能床的转移和固定。

而附加模块主要包括两个部分：第一，可升降床架。床体设有可升降床架，床架下方配有升降电机和相应的连杆装置，可根据实际需要抬高或降低床面高度，便于将半失能老年用户上下床。第二，可移动和拆卸式床边桌。床边桌可根据实际需求移动、调节高度和角度，方便与床之间整体拆分，满足用户看书、读报、用餐等具体使用需求。

根据上述设计定位及设计说明，本设计方案将从产品尺寸图（见图 4–44 至图 4–46）、产品渲染效果图（如图 4–47 至图 4–50）以及产品细节图（如图 4–51 至图 4–58），进行产品方案展示。

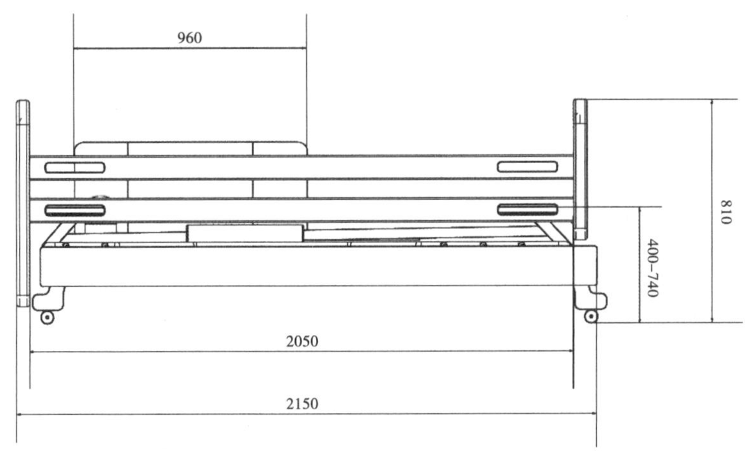

图 4–44　居家适老化多功能床（轻度失能方案一）产品尺寸图 1

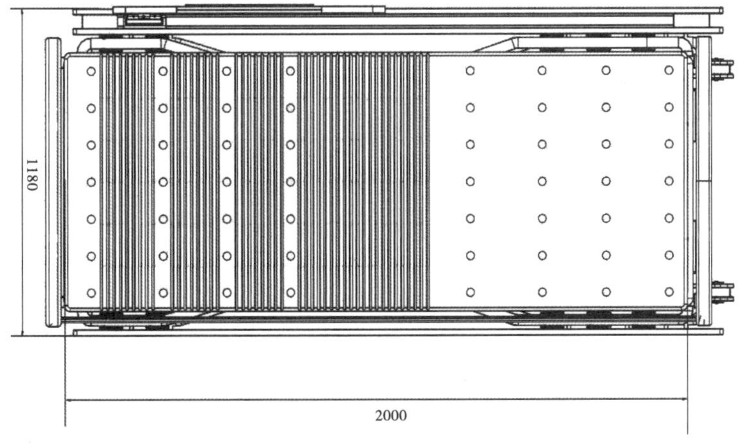

图 4–45　居家适老化多功能床（轻度失能方案一）产品尺寸图 2

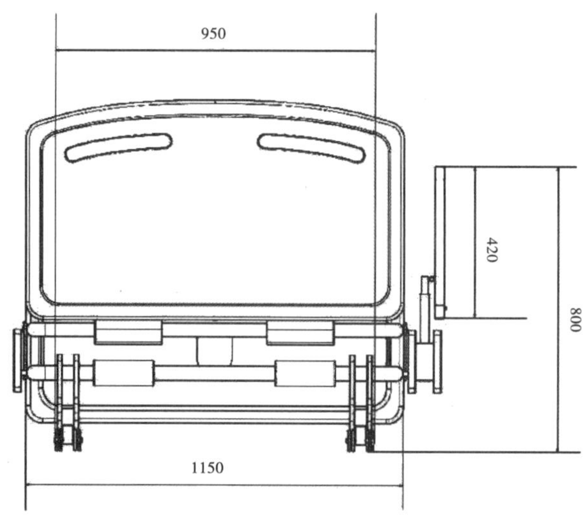

图 4-46　居家适老化多功能床（轻度失能方案一）产品尺寸图 3

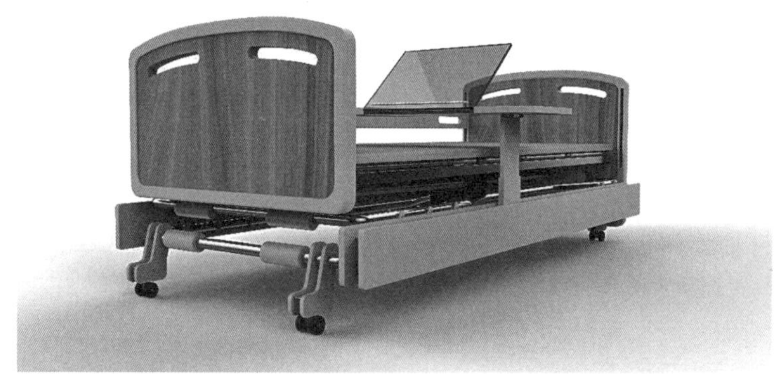

图 4-47　居家适老化多功能床（轻度失能方案一）产品渲染效果图 1

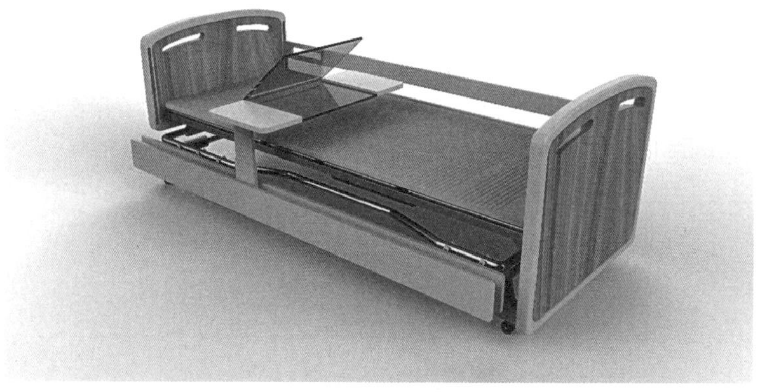

图 4-48　居家适老化多功能床（轻度失能方案一）产品渲染效果图 2

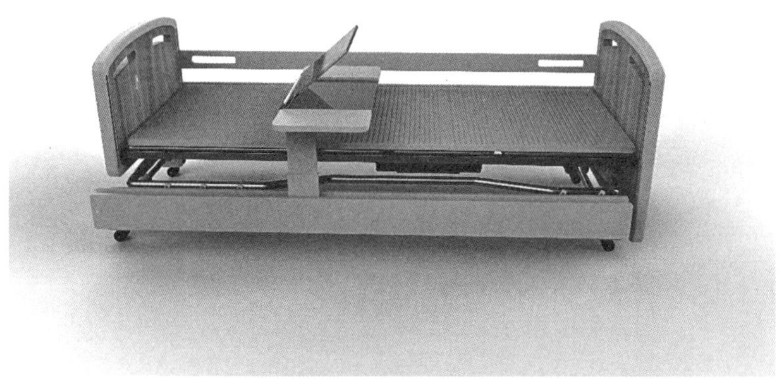

图 4-49　居家适老化多功能床（轻度失能方案一）产品渲染效果图 3

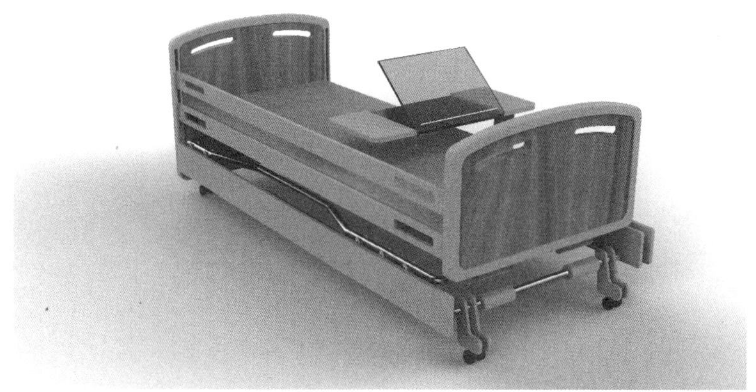

图 4-50　居家适老化多功能床（轻度失能方案一）产品渲染效果图 4

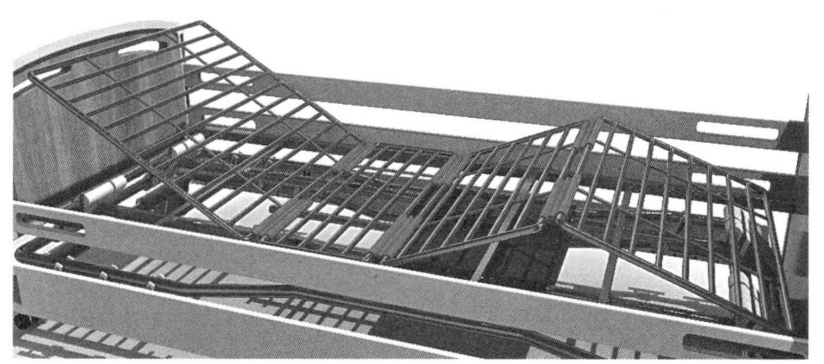

图 4-51　居家适老化多功能床（轻度失能方案一）可调节角度床架细节图 1

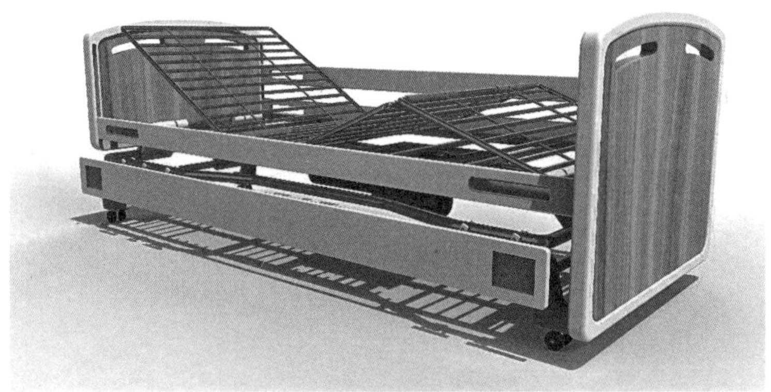

图 4-52　居家适老化多功能床（轻度失能方案一）可调节角度床架细节图 2

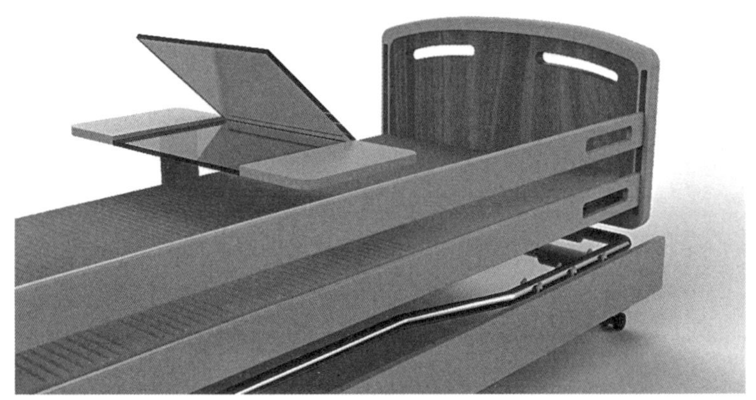

图 4-53　居家适老化多功能床（轻度失能方案一）可调节角度床架细节图 3

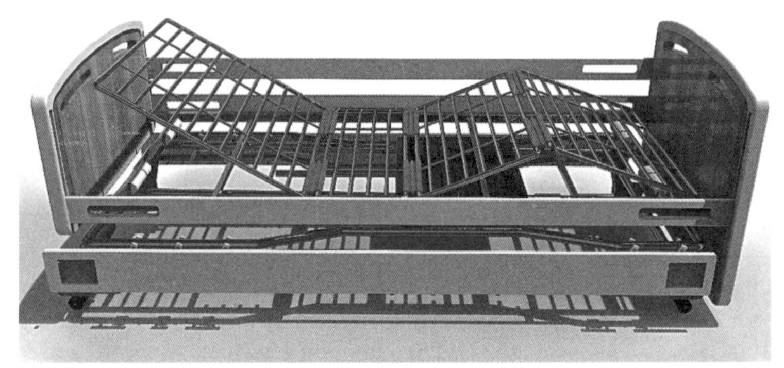

图 4-54　居家适老化多功能床（轻度失能方案一）可调节角度床架细节图 4

图 4-55　居家适老化多功能床（轻度失能方案一）可拆卸式桌板细节图

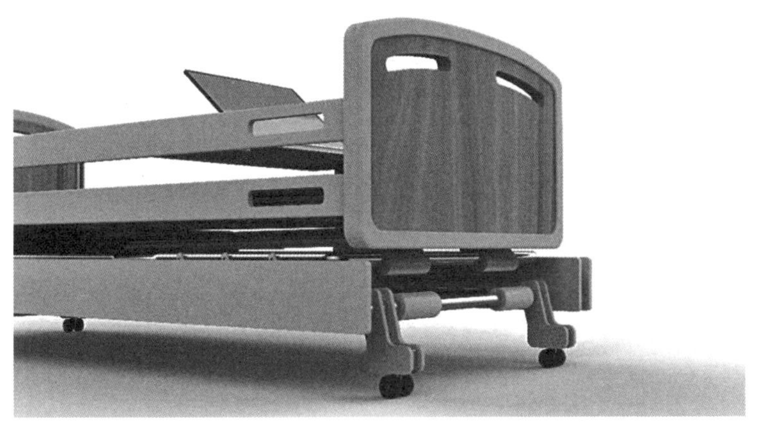

图 4-56　居家适老化多功能床（轻度失能方案一）床体可调节护栏细节图

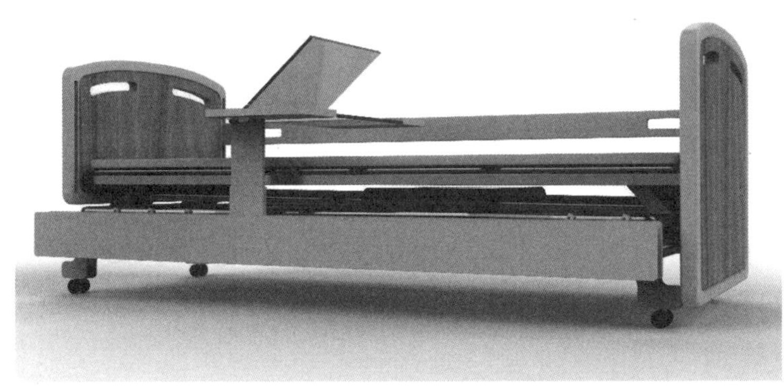

图 4-57　居家适老化多功能床（轻度失能老年人方案一）床底部万向轮细节图

图 4-58 居家适老化多功能床（轻度失能老年人方案一）多功能床垫细节图

方案二

设计定位：该方案定位于居家轻度失能的老年用户。多功能床的整体形式与居家家具类似，能更好地融入家庭环境。在设计上采用了大床的方式，床的主体包含两个模块，分别是普通床架和多功能床架。两个床架由于功能不同，分别配备不同类型的床垫：普通床架配备的床垫较厚，多功能床架配备的床垫较薄。用户使用时可根据自身需要进行选择，在多功能床架包含的基础模块功能之外也具备附加模块供用户选配，包括可调节高度的盥洗桌和多功能设施。这两个附加模块与床主体部分分开，可独立使用。

设计说明：本居家适老化多功能床的设计方案由基础模块与附加模块构成。基础模块主要包括三个部分：第一，普通床架，可满足轻度失能老年人或护理人员的需求；第二，可调角度床板（背板、坐板、腿板、脚板），可方便用户坐起、躺下、曲腿以及一些日常活动；第三，可调高度的床架，让用户可根据自身的需求调整床面高度。

附加模块主要有三个部分：第一，可调节盥洗桌，便于护理人员帮助用户在床边擦洗。盥洗桌面的高度可通过高度调节螺母进行调节和固定，同时盥洗桌底部配有万向轮方便移动；第二，多功能设施（拉环）。拉环平时通过伸缩杆收纳于多功能设施主体中，使用时通过折叠的方式打开，用户可自行调节和固定高度，满足用户借力起身和下床需求。拉环所在多功能设施底部配有万向轮方便移动；第三，可移动床边桌。床边桌可通过折叠的方式打开和收纳，根据用户实际需求调节合适的高度，桌板中间部分可调节翻折角度以方便用户使用。

根据上述设计定位及设计说明，本设计方案将从产品尺寸图（见图 4-59 至图 4-61）、产品渲染效果图（见图 4-62 至图 4-64）以及产品细节图（见图 4-65 至图 4-68），进行产品方案展示。

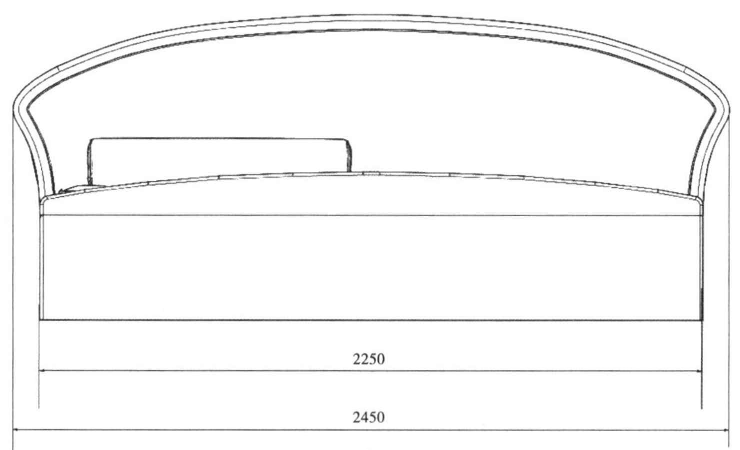

图 4-59　居家适老化多功能床（轻度失能方案二）产品尺寸图 1

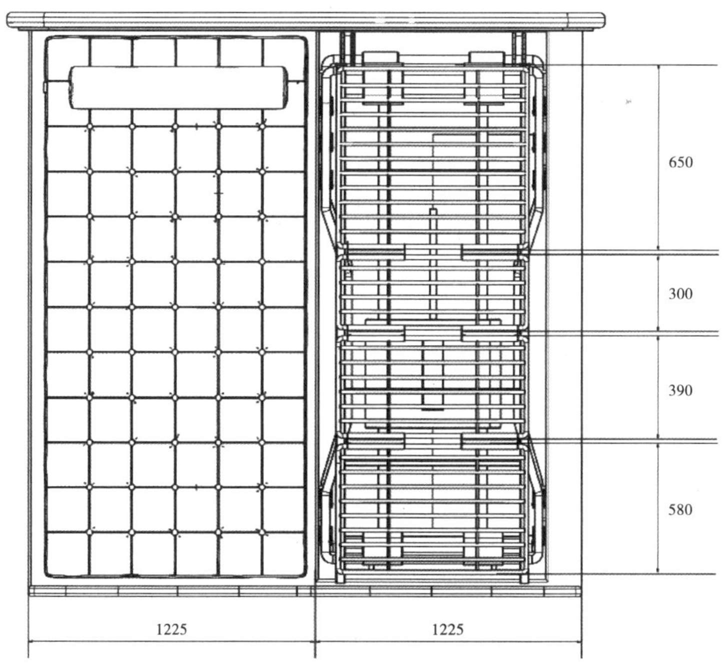

图 4-60　居家适老化多功能床（轻度失能方案二）产品尺寸图 2

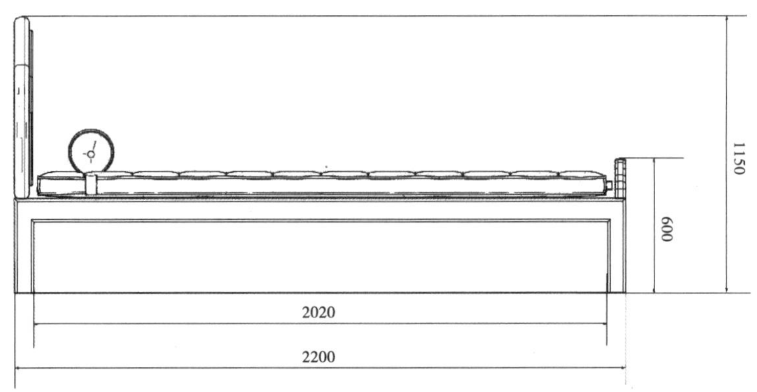

图 4–61　居家适老化多功能床（轻度失能方案二）产品尺寸图 3

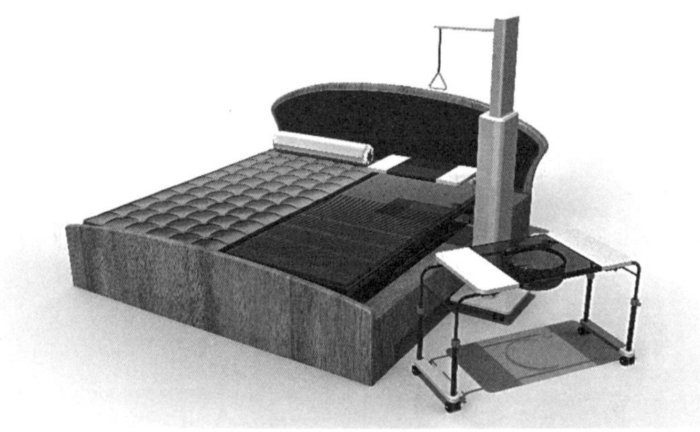

图 4–62　居家适老化多功能床（轻度失能方案二）产品渲染效果图 1

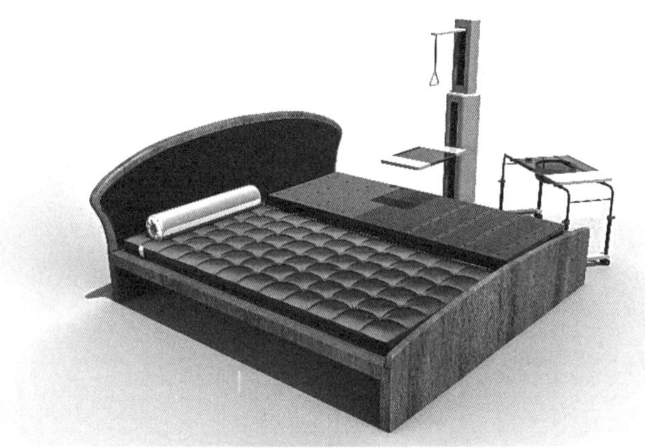

图 4–63　居家适老化多功能床（轻度失能方案二）产品渲染效果图 2

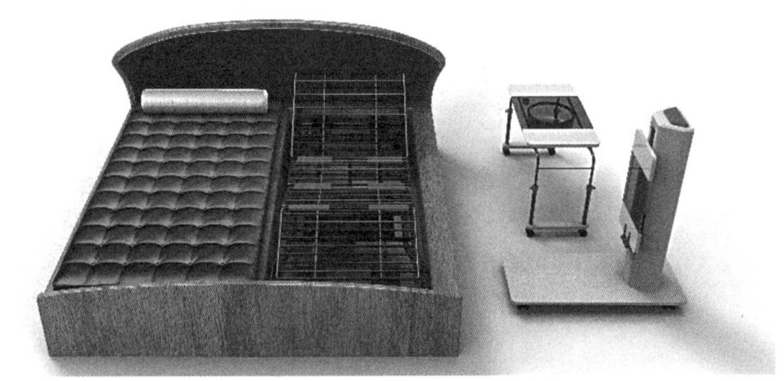

图 4-64　居家适老化多功能床（轻度失能方案二）产品渲染效果图 3

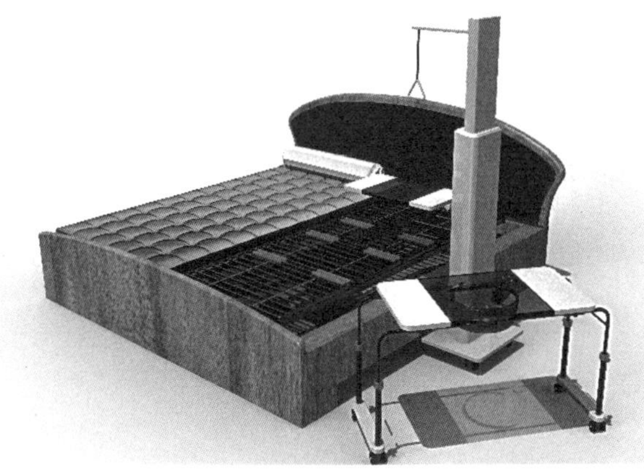

图 4-65　居家适老化多功能床（轻度失能方案二）移动护理模块细节图 1

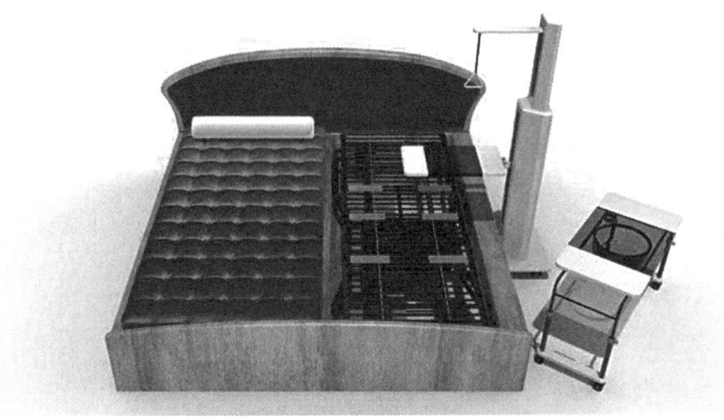

图 4-66　居家适老化多功能床（轻度失能方案二）移动护理模块细节图 2

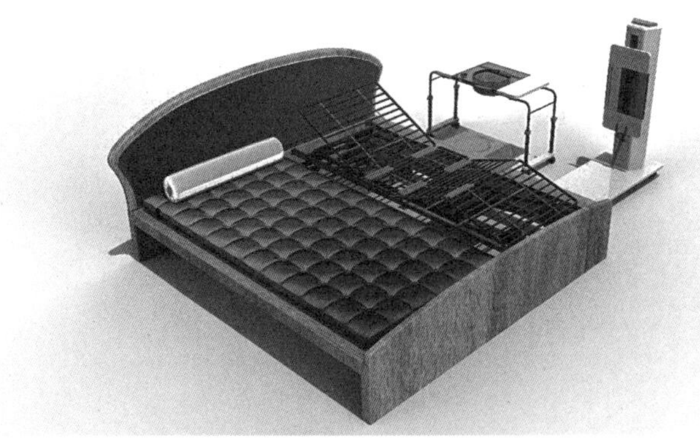

图 4-67 居家适老化多功能床（轻度失能方案二）可调床架细节图 1

图 4-68 居家适老化多功能床（轻度失能方案二）可调床架细节图 2

方案三

设计定位：该方案定位于居家轻度失能的老年用户。在用户居家养老环境中，它既能满足普通用户的需求，也带有适老化护理模块可供选配，以满足轻度失能老年用户的需求。

设计说明：本居家适老化多功能床的设计方案由基础模块与附加模块构成。

基础模块主要包括三个部分：第一，可调角度床板（背板、坐板、腿板、脚板），可方便用户坐起、躺下、曲腿以及一些日常活动；第二，可拆卸床头（尾）板，满足不同用户的使用需求；第三，可调高度护栏，用户可根据自身需求将护栏调整至任意的高度，也可将护栏调整至床面高度之下，床体左侧护栏可根据需要选配。

附加模块主要包括三个部分：第一，床底移动设施。4 个角均装配可固定万向轮，方便整个床在居家环境中移动和固定；第二，可移动床边桌。床边桌可移动，可调节高度、角度，方便与床之间进行整体拆分，满足用户看书、读报等需求；第三，可调高度的床架。通过电机和连杆装置，方便老年用户上下床以及与其他护理设备对接（医用床、轮椅等）。

根据上述设计定位及设计说明，本设计方案将从产品尺寸图（见图 4-69 至图 4-71）、产品渲染效果图（见图 4-72 与图 4-73）以及产品细节图（见图 4-74 至图 4-77），进行产品方案展示。

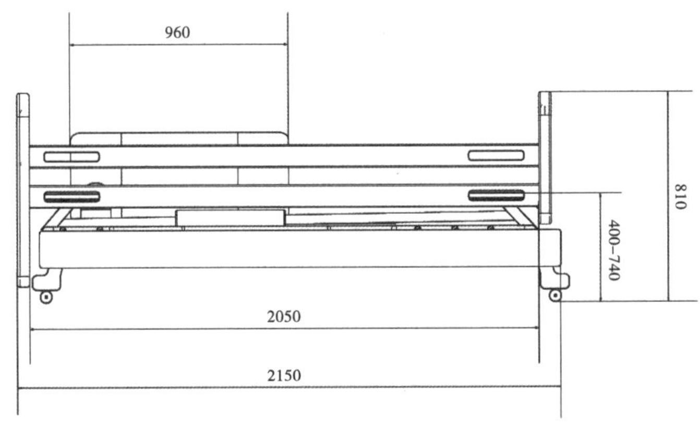

图 4-69　居家适老化多功能床（轻度失能老年人方案三）产品尺寸图 1

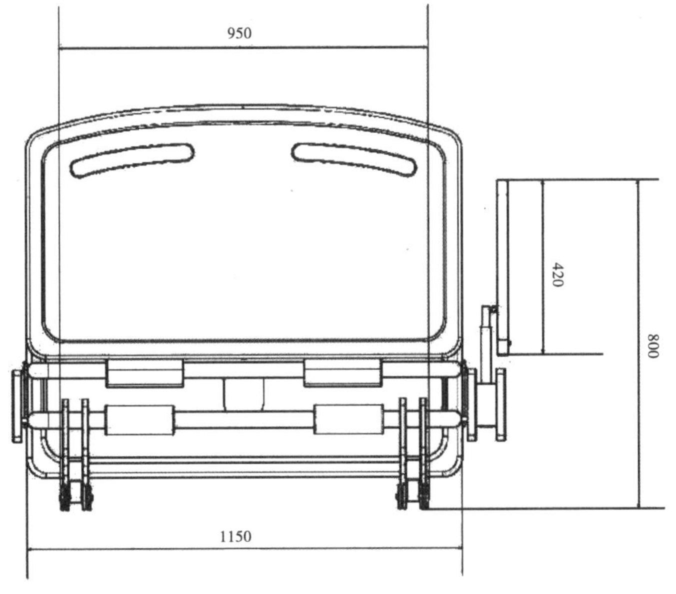

图 4-70　居家适老化多功能床（轻度失能老年人方案三）产品尺寸图 2

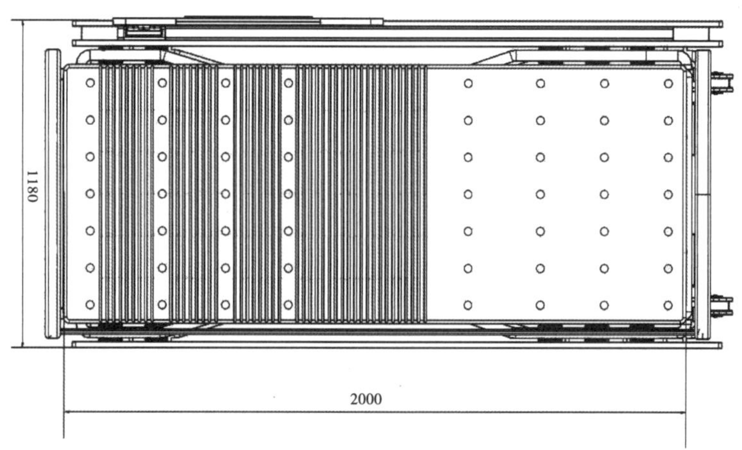

图 4-71　居家适老化多功能床（轻度失能老年人方案三）产品尺寸图 3

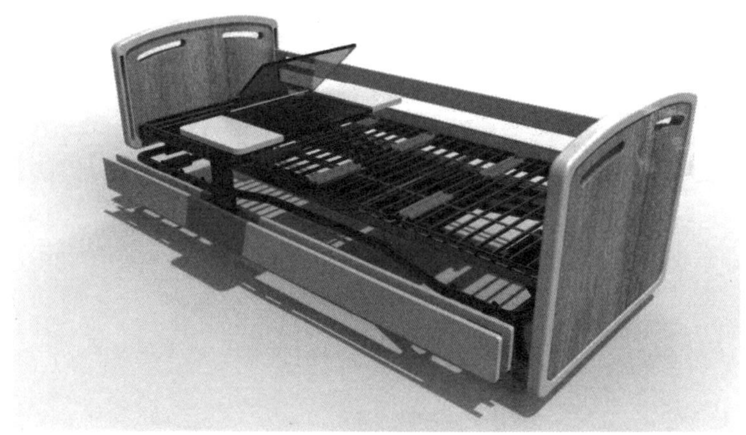

图 4-72　居家适老化多功能床（轻度失能老年人方案三）产品渲染效果图 1

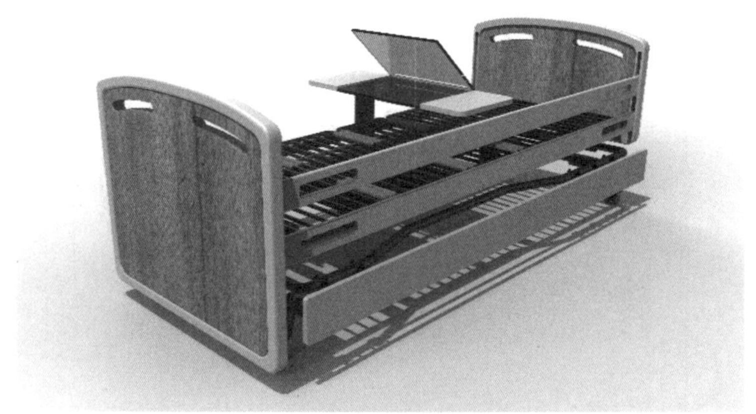

图 4-73　居家适老化多功能床（轻度失能老年人方案三）产品渲染效果图 2

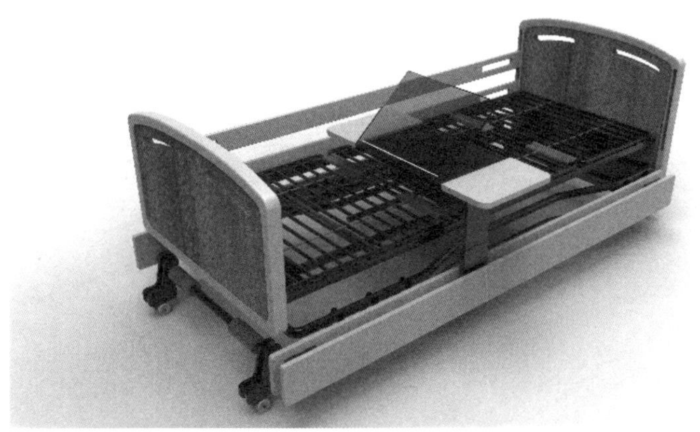

图 4-74　居家适老化多功能床（轻度失能老年人方案三）护栏细节图

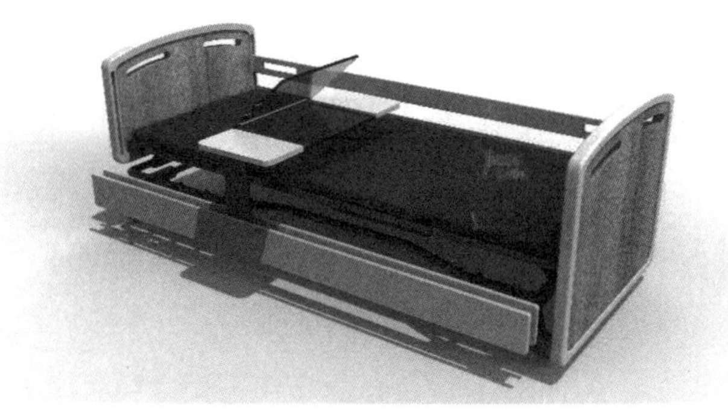

图 4-75　居家适老化多功能床（轻度失能老年人方案三）移动桌板细节图

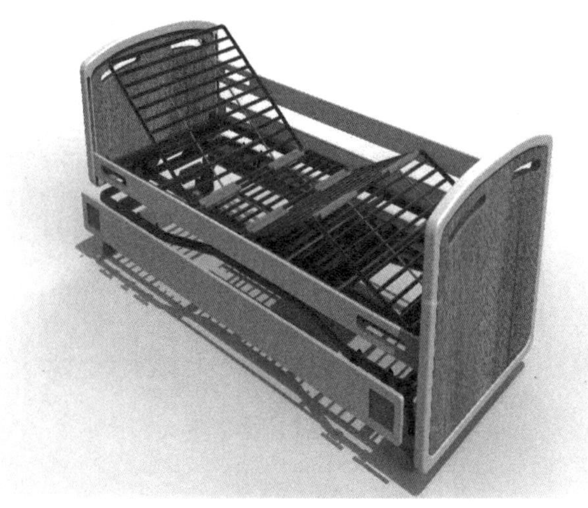

图 4-76　居家适老化多功能床（轻度失能老年人方案三）可调床架细节图 1

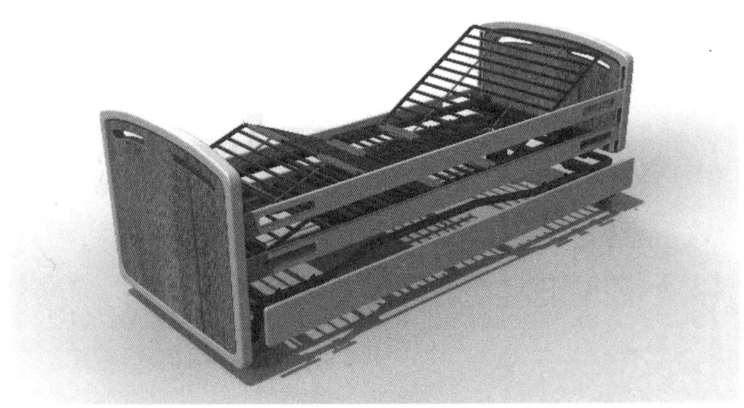

图 4–77　居家适老化多功能床（轻度失能老年人方案三）可调床架细节图 2

（3）面向健康老年人的居家适老化多功能床设计实践

设计定位：该方案定位于居家养老的健康老年人。其行为特征包括：日常生活行为完全自理，不依赖他人护理。床的设计偏向一般化，区别于重度失能与轻度失能老年人的护理床，减少机械感；关注床面和床垫的舒适性，符合人机力学，形式上更生活化。

设计说明：该护理床注重外观造型与家庭环境的适配，为用户提供基础的护理功能和附加的实用功能。

基础模块主要有以下几个部分：第一，可升降床体。床体高度可调节，实现不同高度的切换，方便适应不同的功能需求；第二，可调节床板。背板可旋转至 70 度，腿板可实现抬升功能，使老年人在床上实现完全放松；第三，隐藏式侧边护栏，防止老年人睡觉时跌落，不用时可合并至床板内侧，保持床体造型的整体性；第四，折叠式床边扶手。针对失能老年人腿部力量减弱、站立困难的特征，加装了折叠式支撑，为老年人站立时提供支撑，体积小巧，便于操作。

附加模块主要包括三个部分：第一，床头灯。侧面发光，避免光线直射眼睛，灯头可调节，满足不同活动的需要；第二，USB 接口。顺应用户需求，通过增加细节功能，提升用户体验；第三，遥控器。方便操作，界面简洁明了，减少老年人的学习成本。

根据上述设计定位及设计说明，本设计方案将从产品渲染效果图（见图 4–78 与 4–79）以及产品细节图（见图 4–80 至 4–84），进行产品方案展示。

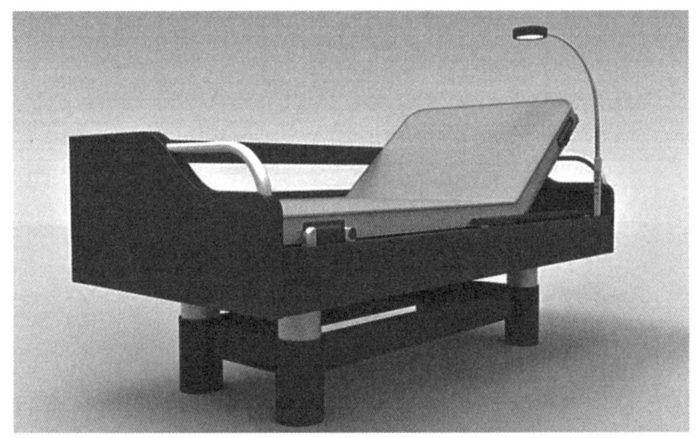

图 4-78　居家适老化多功能床（健康）产品渲染效果图 1

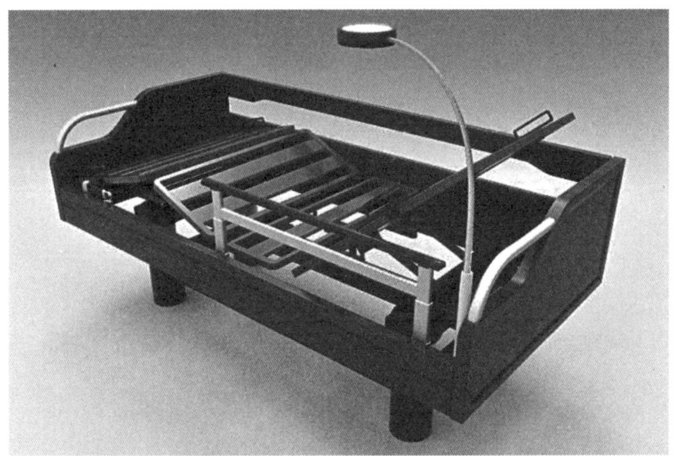

图 4-79　居家适老化多功能床（健康）产品渲染效果图 2

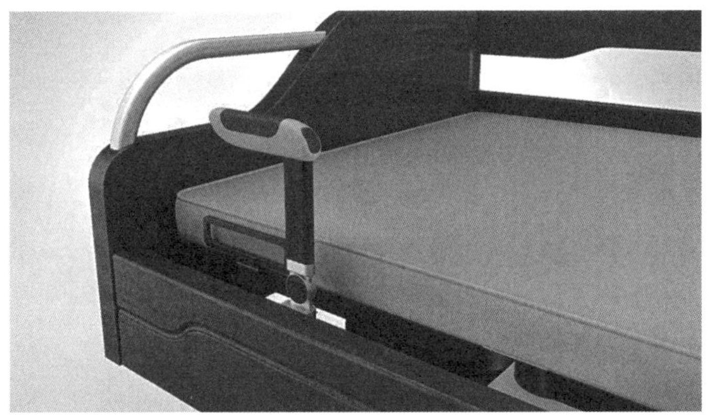

图 4-80　居家适老化多功能床（健康）床侧助力扶手细节图

图 4-81　居家适老化多功能床（健康）USB 灯柱细节图

图 4-82　居家适老化多功能床（健康）床垫卡扣细节图

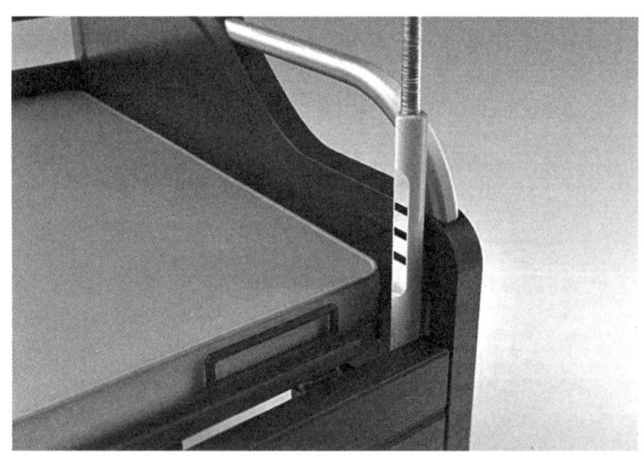

图 4-83　居家适老化多功能床（健康）床体头旋转照明灯细节图

图 4–84　居家适老化多功能床（健康）床边固定扶手细节图

结 语

人口老龄化是人类社会经济发展的一个必然过程。21世纪初，世界上所有发达国家都已进入老龄社会，许多发展中国家正在或即将进入老龄社会，人口老龄化是世界各国共同面临的重大挑战。我国已于1999年进入老龄社会，并已成为世界上老年人口最多、增长最快的国家。全国老龄工作委员会办公室首次发布的《2011年度中国老龄事业发展统计公报》指出，2010年全国60岁及以上老年人口达到1.7765亿，占总人口的13.26%。根据《中国人口老龄化发展趋势预测研究报告》，21世纪的中国将会成为一个不可逆转的老龄社会。

本书由四个章节组成。第一至第三章为基础性理论研究：第一章重点分析了当代中国老年人生理和心理层面的基本特征，完成目标用户的特征研究；第二章在明确目标用户后，深入挖掘当代中国老年人的居家养老需求，并通过文献分析与聚类分析，总结出居家养老需求的内容；第三章是基于居家养老需求的智慧养老服务模式构建，着重分析中国居家养老服务的供需现状与资源配置；第四章为现代产品设计中的适老化研究，主要结合适老化产品的功能分类、设计流程与方法、需求层次提取，以居家养老器械类产品——居家适老化多功能床为设计实例展开实践研究。

本书的研究内容与系列成果，为现阶段老龄化创新设计提供了全新的思路与严谨的研究方式，为实体企业提供了一条将现实社会问题与实际产业生产相结合的新途径，为政府制订科学的养老规划方案与政策建议提供了坚实的理论基础，有利于向社会各界有效地传达“为老年人而设计”的理念，促进中国养老事业的健康发展。当然，由于本课题有既定的研究周期，研究手段与设备条件有限，难免存在不足之处，敬请读者批评指正。

附录 1　我国老年人居家养老需求调研问卷

尊敬的老人家：

您好！

我们是“社区养老服务中心支撑下的居家养老模式研究”课题组，为了更好地了解和掌握我国老年人的居家养老生活状况和需求，特设计此调查问卷。此份调查问卷旨在了解我国老年群体的居家养老需求，并以此为基础，制定我国居家养老需求评价标准，为市政府制定居家养老政策提供参考。希望您的作答能够为本课题研究提供科学依据。非常感谢您的配合。

该问卷中的调研数据只用于课题研究与论文写作，对老年人的基本个人信息，绝不外泄，还请您放心。除有特别说明的问题可选择多项外，其余答案均为单选，请在符合您情况的选项上打钩，谢谢。

第一部分　个人基本情况

此部分涵盖老年人年龄、性别、经济条件、教育程度、生活环境等状况的评估，依据我国国家民政局的老年人能力评估指标，获得样本的基本人口统计资料。

序号	问题	选项
A1	您的性别	A. 男　　B. 女
A2	您的年龄	A.60~64 岁　B.65~69 岁 C.70~74 岁　D.75 岁及以上
A3	您的受教育程度	A. 小学及以下　B. 初中 C. 高中（中专）　D. 本科及以上
A4	您现在或退休前从事的职业	A. 公务员　B. 事业单位　C. 企业 D. 个体工商户　E. 其他（请注明）
A5	您的经济来源（多选）	A. 退休金　B. 工作收入 C. 子女补贴　D. 亲友资助 E. 社会保障（如城市低保等） F. 其他
A6	您的日常开销最多的三项（多选）	A. 饮食　B. 住房　C. 生活用品 D. 医药费　E. 娱乐活动　F. 补贴子女 G. 其他
A7	与您一起生活的家庭成员有（多选）	A. 单身独居　B. 配偶　C. 子女 D. 其他亲戚

续表

序号	问题	选项
A8	您的身体状况	A. 良好，生活可以自理 B. 一般，生活可部分自理 C. 不太好，生活不能自理
A9	您现在的生活主要是谁来照料	A. 子女　B. 配偶　C. 保姆或钟点工 D. 邻居　E. 亲戚　F. 其他
A10	排除经济、文化等宏观因素，立足老年人特征的角度，您更愿意接受哪种养老方式	A. 家庭养老（自给自足） B. 居家养老（社区服务中心支持的家庭养老） C. 机构养老（具有营利性质的养老机构）

第二部分　居家养老需求

根据 ERG 需求模型，结合老年人居家养老生活中接受服务的情况，从生存需求、关系需求、发展需求各项对居家养老服务进行问卷调研测评。

一、生存需求（生理需求与安全需求）

序号	问题	选项
B1	请问您行走时会选择下面哪种方式（多选）	A. 使用拐杖　B. 使用轮椅 C. 缓慢行动　D. 健步如飞
B2	以下哪些动作是您日常生活中会避免做的（多选）	A. 下蹲　B. 高举　C. 弯腰 D. 屈膝　E. 提拉重物 F. 以上都没有
B3	您一般外出的目的是	A. 医疗会诊　B. 消费购物 C. 户外散步　D. 其他
B4	在过去的一个月内，您做以下哪些活动有困难（多选）	A. 用餐　B. 洗浴　C. 上厕所 D. 上下楼梯　E. 室内行走 F. 做简单家务　G. 以上都没有
B5	您的视力具有以下哪种症状	A. 看物体 / 人脸模糊 B. 看文字 / 图形模糊 C. 色彩辨识度低　D. 视力正常
B6	您的眼部疾病影响您的哪些正常生活（多选）	A. 不影响　B. 走路 C. 看电视等智能设备 D. 读书看报
B7	您有没有在使用助听辅助设备	A. 有　B. 无
B8	在家电产品的使用过程中，您觉得是否需要提示音	A. 需要　B. 不需要
B9	对玻璃水杯的冷热温度感知是否明显	A. 明显　A. 不明显

续表

序号	问题	选项
B10	在居家养老生活中，您的记忆力情况如何	A. 记忆力良好 B. 轻度健忘：表现在对于自己的事情容易遗忘，对新事物茫然，但是仍然能做一些熟悉的日常工作 C. 记忆力下降比较严重，刚说过的话或做过的事转头就忘记、迷路、不记得时间，出门常常忘记住哪 D. 重度健忘：仅有一些记忆片段，智力严重下降，失去时间、地点概念，甚至不认识熟悉的人
B11	对目前的居住环境具有以下哪些印象与感觉	A. 亲切、熟悉 B. 很平淡，觉得有些无聊 C. 易产生畏难情绪 D. 以上都没有
B12	您需要所在社区为您提供哪些服务（多选）	A. 买菜做饭（送餐上门） B. 协助日常购物 C. 家电维修 D. 家政清洁 E. 陪老年人读书、看报、聊天 F. 紧急求助（老年服务热线） G. 送药求医 H. 文化娱乐（棋牌、旅游等） I. 法律咨询
B13	您希望社区增加哪些硬件设施（多选）	A. 宣传栏　B. 图书馆、阅览室 C. 体育健身点　D. 医疗卫生室 E. 文化活动室　F. 其他
B14	您希望所在社区能为您提供哪些家政清洁服务（多选）	A. 家居卫生保洁　B. 洗涤衣物 C. 洗餐具
B15	您比较担心因居住条件或设施差而引起哪些安全问题（多选）	A. 突发疾病无法告知别人 B. 突然滑倒或绊倒 C. 入室盗窃等财务安全问题 D. 家庭电气、煤气使用意外 E. 其他
B16	您家中是否安装紧急求助设施（如阳光呼叫器 / 安康通呼叫器 / 求助电铃 / 定位手机等）	A. 是　B. 否
B17	您家中未装紧急求助设施的原因是什么	A. 身体健康不需要 B. 价格高昂 C. 此类设备操作复杂，使用不便 D. 很有安装必要，但不知道如何安装

续表

序号	问题	选项
B18	您希望所在社区能为您提供哪些医疗服务（多选）	A. 定期检查并提供保健指导 B. 入户专业护理　C. 代办取药 D. 健康讲座　E. 理疗按摩 F. 不需要　G. 其他
B19	您一般求医会选择哪种机构	A. 家庭病床　B. 社区医院 C. 省或市级医院 D. 区（县）级医院　E. 私人诊所
B20	您到医院看病如果觉得不方便，原因是什么（多选）	A. 交通不便 B. 就诊不便（如挂号、交费、取药等） C. 行动不便 D. 其他原因

二、关系需求（社交需求与娱乐需求）

序号	问题	选项
C1	在居家养老生活中，您经常处于什么样的情绪状态	A. 积极开朗　B. 孤独自卑 C. 紧张压抑　D. 以上都没有
C2	您认为目前的家庭成员之间的情感生活如何	A. 和睦，交流比较频繁 B. 和睦，有一些沟通 C. 一般，沟通较少 D. 不太好，基本没有沟通交流
C3	在遇到生活困难时，您一般找谁进行帮助（多选）	A. 社区　B. 配偶　C. 子女 D. 亲戚　E. 朋友　F. 邻居
C4	当有心事时，您一般会向谁倾诉	A. 配偶　B. 子女　C. 邻居 D. 朋友　E. 自我排遣 F. 陌生人（如网聊）
C5	您认为与子女之间的沟通交流最大的障碍是什么	A. 时间　B. 距离 C. 思想观念差异　D. 没有障碍
C6	在居家养老生活中，您喜欢以下哪种娱乐休闲方式	A. 看电视　B. 电脑游戏 C. 家中锻炼　D. 以上都没有
C7	您希望所在社区为您提供哪些精神文化服务（多选）	A. 兴趣小组　B. 老年活动室 C. 专题研讨会　D. 心理咨询 E. 暂无需要　F. 其他
C8	您对哪些社区组织的文化娱乐活动感兴趣（多选）	A. 写作、辞赋　B. 音乐、歌曲 C. 戏曲、舞蹈　D. 绘画、摄影 E. 棋牌、茶艺　F. 民间手工艺 G. 户外旅行　H. 其他
C9	参与完社区的文娱活动后，您心理与情绪是否有所变化与波动	A. 心情愉悦　B. 身心疲惫 C. 无明显变化

续表

序号	问题	选项
C10	如果社区有活动场所，而您在近期没有参加过这些文娱活动，主要原因是什么	A. 身体不适　B. 家务繁重 C. 离家较远　D. 没有喜欢的活动 E. 收费较高 F. 活动场所的设施较差

三、发展需求（求知需求与尊重需求）

序号	问题	选项
D1	您的晚年生活中，是否有继续了解新事物的想法	A. 是　B. 否
D2	您是通过哪种途径了解社会的新资讯的	A. 报纸 / 看电视　B. 上网 C. 好友聊天　D. 不想了解
D3	面对新买来的家用产品，您更习惯于	A. 看说明书摸索　B. 等儿女来教 C. 直接自己摸索　D. 其他
D4	您是否愿意抽出养老时间，参与到社会服务活动中	A. 愿意　B. 不愿意　C. 无所谓
D5	如果您参与社会服务活动，更喜欢哪种类型的志愿活动（多选）	A. 美化清洁环境　B. 社会安全保卫 C. 组织文体活动　D. 帮困助弱服务 E. 专业技能咨询　F. 其他

附录 2　城市社区老年人卫生服务需求与利用情况调查问卷

尊敬的各位：

您好，首先感谢您参加此次问卷调查。本次调查是为了了解您对社区卫生服务需求的意愿和社区卫生服务的利用情况，以便今后更合理地配置社区卫生资源，提供有针对性的服务，实现“健康的老龄化”。请您认真如实填写调查问卷，您的答案对于提高社区卫生服务效率具有重要价值。

本问卷采取不记名方式，您的资料将予以保密，真诚感谢您的合作！

1. 您的年龄 [单选题] [必答题]

○ 60~65 岁

○ 65~70 岁

○ 70~75 岁

○ 75 岁以上

2. 您的性别 [单选题] [必答题]

○ 男

○ 女

3. 您目前的文化程度 [单选题] [必答题]

○ 从未上过学

○ 小学

○ 初中

○ 高中

○ 大专

○ 本科及以上

4. 您目前的婚姻状况 [单选题] [必答题]

○ 已婚

○ 离异

○ 丧偶

○ 未婚

5. 您有几个子女 [单选题] [必答题]

○ 1 个

○ 2 个

○ 3 个

○ 3 个以上

6. 您目前的收入来源 [多选题] [必答题]

☐ 退休工资

☐ 政府补助

☐ 子女提供

☐ 其他 ________

7. 您的户口性质是 [单选题] [必答题]

○ 农业户口

○ 非农业户口

8. 您的年收入大概有 [单选题] [必答题]

○ 1 万元以下

○ 1 万 ~3 万

○ 3 万 ~5 万

○ 5 万元以上

9. 目前您与谁居住在一起 [单选题] [必答题]

○ 配偶

○ 子女

○ 独居

○ 社区养老机构

10. 离退休之前您的职业是 [单选题] [必答题]

○ 公务员

○ 个体私营业主

○ 务农

○ 其他 ________

11. 您是否知道距您家最近的社区卫生服务中心 [单选题] [必答题]

○ 知道

○ 不了解

12. 您得到过以下哪些社区卫生服务 [多选题] [必答题]

☐ 医疗

☐ 预防

☐ 保健

☐ 康复

☐ 健康管理

☐ 计划生育指导

☐ 其他 ________

13. 您是由何种途径知道社区卫生服务机构的 [多选题] [必答题]

☐ 无意间看到

☐ 他人介绍

☐ 卫生服务机构宣传

☐ 街道居委会

14. 您最常去的医疗机构是 [单选题] [必答题]

○ 三级医院

○ 二级医院

○ 社区卫生服务机构

○ 药店门诊

15. 您选择医疗机构的主要原因是 [单选题] [必答题]

○ 交通方便

○ 有可信赖的医生

○ 医务人员技术水平高

○ 其他原因 ________

16. 您自我感觉目前身体状况如何 [单选题] [必答题]

○ 非常健康

○ 良好

○ 一般

○ 较差

17. 您认为您有哪些不良生活习惯 [多选题] [必答题]

☐ 吸烟

☐ 酗酒

☐ 饮食不合理

☐ 缺乏锻炼

☐ 其他 ________

18. 您是否患有慢性疾病 [单选题] [必答题]

○ 是

○ 否

19. 生病时您如何解决 [单选题] [必答题]

○ 自己拿药

○ 去社区卫生服务中心咨询

○ 去大医院看专家

○ 其他 ________

20. 您愿意接受社区卫生服务的原因是 [多选题] [必答题]

☐ 医生值得信赖

☐ 医疗水平高

☐ 服务态度好

☐ 医保报销比例高

☐ 其他 ________

21. 您是否愿意接受社区卫生服务 [单选题] [必答题]

○ 愿意

○ 不愿意

22. 您是否购买了医疗保险 [单选题] [必答题]

○ 是

○ 不是

23. 您的医保类型是 [单选题] [必答题]

○ 城镇职工基本医疗保险

○ 城镇居民基本医疗保险

○ 新农合

○ 其他 _________

24. 您希望在日常生活可以获得哪些社区卫生服务 [多选题] [必答题]

□ 慢性病治疗

□ 常见病处理

□ 家庭病床

□ 健康管理

□ 其他 _________

25. 您希望增加的社区卫生服务设施有 [多选题] [必答题]

□ 中医诊所

□ 老年专科问诊

□ 老年康复机构

□ 临终护理站

□ 其他 _________

26. 您希望得到哪些非医疗照料 [多选题] [必答题]

□ 举办娱乐活动

□ 基本生活照料

□ 心理咨询

□ 非医疗应急帮助

□ 其他 _________

27. 目前您感到困扰生活的原因是什么 [多选题]

□ 暂无

□ 经济困难

□ 起居生活无人照料

□ 自己 / 老伴身体不好

□ 和子女关系不好

□ 无事可做，常感寂寞无聊

□ 家务事繁重

□ 其他 ________

□ 诊疗

□ 健康咨询

□ 拿药

□ 转诊输液

□ 其他 ________

28. 您是否在以下身体机能方面存在障碍或困难 [多选题]

□ 头脑不清楚

□ 记忆力减退

□ 视力模糊

□ 听力有障碍

□ 手抖

□ 腿脚不方便

□ 咀嚼困难

□ 其他 ________

29. 您是否在以下日常生活方面存在障碍或困难 [多选题]

□ 进食

□ 烧菜做饭

□ 打扫卫生

□ 买菜购物

□ 洗衣洗被

□ 洗澡

☐ 起床

☐ 穿衣服

☐ 上厕所

☐ 外出活动

☐ 其他

30. 您是否患有常见的老年慢性病 [多选题]

☐ 无

☐ 高血压

☐ 糖尿病

☐ 心脏病

☐ 动脉硬化症

☐ 认知功能障碍

☐ 肥胖症

☐ 骨质疏松

☐ 其他

31. 您希望获得以下哪种照料方式 [多选题]

☐ 自己照顾或与老伴互相照顾

☐ 由子女照顾日常生活

☐ 入住普通福利院、养老院

☐ 请家政保姆照料

☐ 入住较好的养老院（收费）

☐ 日间服务站、日间照料中心（白天提供配餐、老年活动等服务，晚上回家居住）

☐ 其他

32. 请问您是否愿意接受日间服务站的服务 [单选题]

○ 非常愿意

○ 比较愿意

○ 说不清

○ 不太愿意

○ 其他

○ 是

○ 否

33. 您愿意接受日间服务站所提供日间照料服务的原因 [多选题]

□ 喜欢参与集体活动

□ 喜欢结交有共同兴趣的朋友

□ 感到孤独，需要他人照顾

□ 家庭无人照顾，减轻家庭负担

□ 生活不能自理，需要他人照顾

□ 其他

□ 家庭医生签约

□ 方便快捷

□ 医保指定单位

□ 就诊环境好

□ 其他 ________

34. 您不愿意接受日间服务站所提供日间照料服务的原因 [多选题]

□ 家庭有条件照顾

□ 有专门机构照顾

□ 抽不出时间

□ 不喜欢人多的地方

□ 家人反对

□ 行动不便

□ 家庭条件不好，无法负担费用

□ 自己能照顾好，不需要

□ 已聘请相关人员照顾，不需要

□ 医生技术能力低

□ 护理人员服务态度差

□ 缺乏医疗设备

☐ 医保报销限制

☐ 其他 ________

35. 您希望日间服务站提供哪些生活和照料类服务 [多选题] [必答题]

☐ 营养配餐

☐ 医疗保健（健康义诊、健康咨询、康复指导）

☐ 协助洗澡

☐ 洗衣

☐ 理发

☐ 代理购物

☐ 修指甲及修脚

☐ 家庭维修

☐ 邮寄

☐ 陪伴护理

☐ 代办取药

☐ 器械康复

☐ 陪同看病、代办挂号

☐ 特殊老年人上门服务

☐ 文体娱乐（棋类、文艺、培训等）

☐ 书报阅览

☐ 心理健康服务

____

36. 如果日间服务站需要支付一定的费用，您还愿意接受服务吗 [单选题]

○ 愿意

○ 不愿意

○ 取决于费用高低

37. 如果日间服务站设置营养配餐，价格与社区就餐点相同，您是否愿意接受 [多选题]

☐ 愿意

☐ 不愿意

☐ 考虑一下

38. 如果日间服务社内提供健康义诊及档案跟踪，您是否愿意接受 [多选题]

☐ 愿意

☐ 不愿意

☐ 考虑一下

39. 如果日间服务站内免费提供老年课堂，您是否愿意享受服务 [多选题]

☐ 非常愿意

☐ 可能愿意

☐ 考虑一下

☐ 非常不愿意

40. 您对以下哪些文化娱乐活动感兴趣 [多选题] [必答题]

☐ 喝茶聊天

☐ 唱歌跳舞

☐ 乐器演奏

☐ 看电视

☐ 编织

☐ 绘画书法

☐ 种植花草

☐ 打麻将

☐ 看书看报

☐ 棋牌游戏

☐ 其他

41. 如果日间服务站开展书法绘画、唱歌舞蹈等各类技能的培训和比赛，您是否有兴趣参加 [多选题]

☐ 非常有兴趣

☐ 有点兴趣

☐ 考虑一下

☐ 非常没兴趣

42. 您对以下哪些体育健身活动感兴趣 [多选题] [必答题]

☐ 散步

☐ 健身器械

☐ 太极拳、剑

☐ 骑行

☐ 游泳

☐ 广场舞

☐ 其他

43. 如果日间服务站开展秋游、健身操、广场舞等竞技类体育活动运动会，您是否有兴趣参与 [多选题] [必答题]

☐ 非常有兴趣

☐ 有点兴趣

☐ 考虑一下

☐ 非常没兴趣

44. 如果日间服务开展试运行，提供免费体验机会，您是否有兴趣参与 [多选题]

☐ 非常有兴趣，我想报名

☐ 有点兴趣

☐ 考虑一下

☐ 非常没兴趣

附录3 适老化产品设计的经典案例（一）

适老化产品的分类（文献梳理）

老年［衣］相关产品

日常穿戴类：帽子（棉帽/凉帽/礼帽）/假发（男士/女士）/眼镜（老花镜/太阳镜/防风镜/头戴式放大镜）/围巾披肩（丝质/毛线/棉麻/羊绒）/手套（皮质手套/棉质手套/丝质手套/橡胶手套）/上衣（T恤/衬衫/毛衣/线衣/马甲）/裤子（短裤/西裤/休闲裤/加绒裤）/外套（单衣/皮衣/棉衣/羽绒服）裙子/内衣（棉质/加绒）/睡衣（丝质/棉质/珊瑚绒/法兰绒）/袜子（丝质/棉线/毛线）/鞋子（皮鞋/凉鞋/布鞋/运动鞋/拖鞋）

特殊护理功能类：鞋垫（智能/磁疗/竹编/毛毡/海绵/皮质）/配饰（口罩/护肩/护腰/护膝/护腿/磁疗护膝）

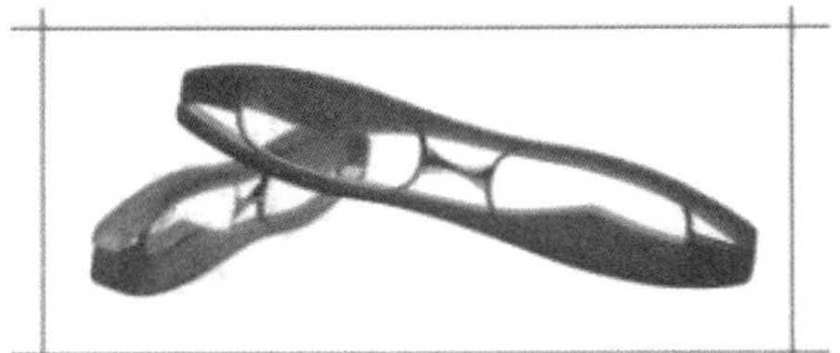
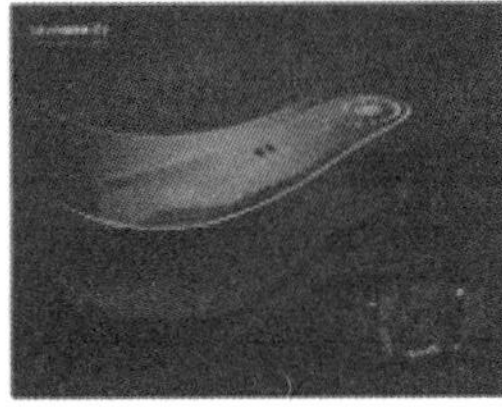
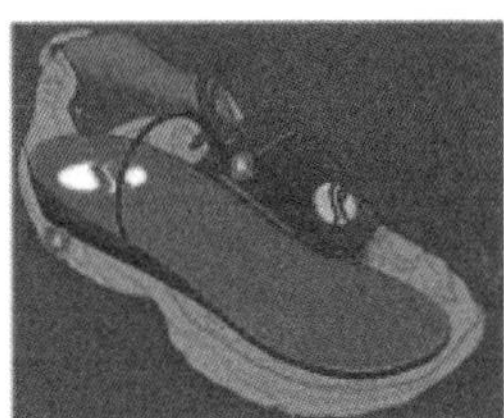

适老化产品的分类（文献梳理）

老年［食］产品

多功能餐具与厨具类：老年餐具（绑带防抖餐具/助力防抖餐具/防摔餐具/可弯曲餐具）/老年厨具（智能厨具/传统厨具）

辅助性进食产品类：老年食品（冲饮/滋补食品/无糖食品/保健食品）/吃饭围兜/易开瓶盖/移动餐桌（升降/滑轮）/水杯（大手柄/吸管防抖）/餐具垫

适老化产品的分类（文献梳理）

老年［行］产品

助行类：拐杖（单脚/四脚/三角带座椅/腋下支撑/放大镜/发光）/轮椅（电动轮椅/手动轮椅）/助行器（带轮/折叠/载物）/代步车（电动/人力）/智能GPS设备/膝部辅助器/搬运工具（购物车/拎袋器/老人背包）/爬楼助力工具（扶手/踏板）/吸盘式扶手/车载安全把手

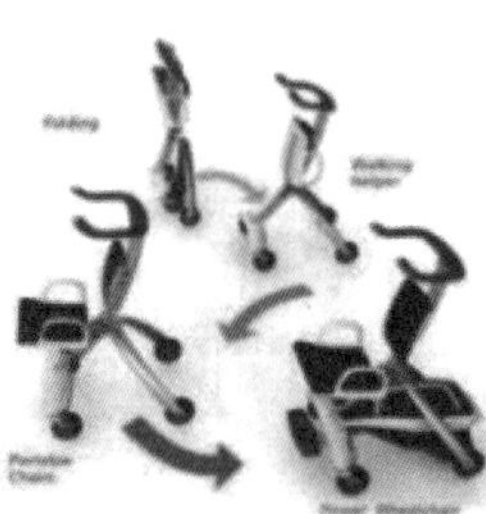
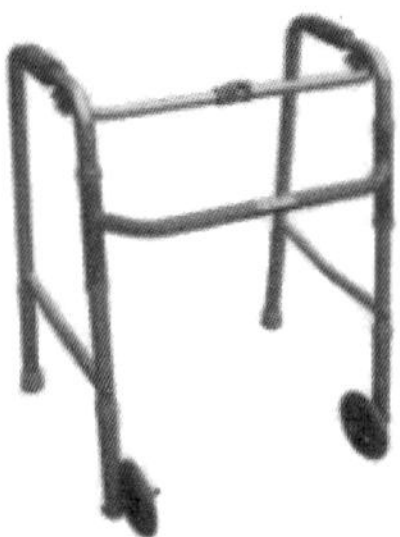

附录 3　适老化产品设计的经典案例（二）

适老化产品的分类（文献梳理）

老年［住］产品

洗浴类产品：老年床（护栏床/洗澡床）/老年浴缸（淋浴/泡浴/按摩）/洗澡椅/凳（折叠/壁挂）

日常用居家产品：老年椅（餐椅/便椅/躺椅）/老年枕（木枕/磁疗枕/药物枕/橡胶枕/记忆棉）/床垫（三角垫/防水尿垫/椰棕床垫/按摩床垫/气床垫）/呼叫器（门铃呼叫/电话呼叫）/马桶扶手（调节/固定）/清扫工具（扫把/簸箕/拖把）

智能产品：家居用品（遥控灯泡/人体感应灯/鞋提/穿针器）/提醒装置（防丢贴片/定时器/备忘提醒）

适老化产品的分类（文献梳理）

老年［护］产品

日常护理产品类：助听器/助听机/洗头盆/中曲床（手动/电动）/翻身床（手动/电动）/褥疮垫（坐垫/床垫/关节垫）/床上靠背支架/纸尿片/报警器/吸痰器/接尿器/腰围固定带/清肠器/按摩器（腰部/腿部）/约束手套/引流袋/便盆/移动式马桶/指甲刀（放大镜/灯光/增强）/陪伴机器人/热敷腰带/假牙收纳盒/免洗洗发水/安全剪刀/防跌倒（帽子/内衣）/流食喂食器

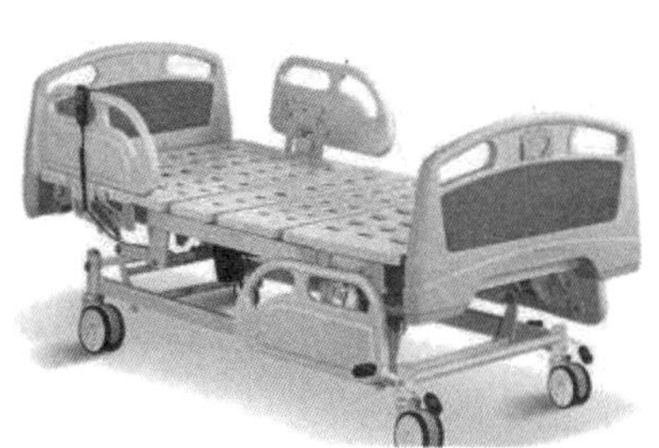

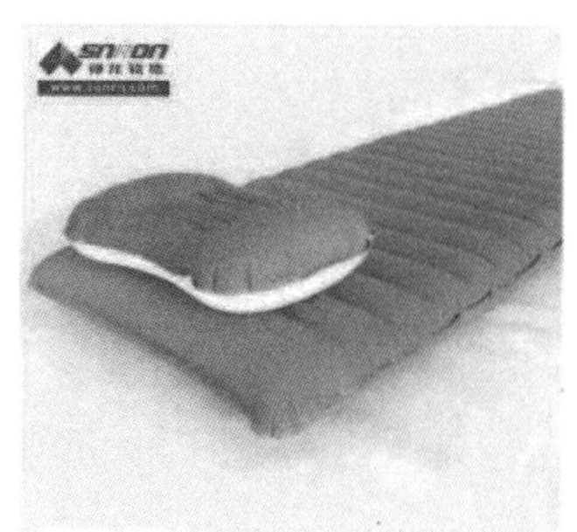

适老化产品的分类（文献梳理）

老年［医］产品

医疗产品类：监测产品（血压仪/血糖仪/智能监测手表）/药品（中药/西药）/治疗设备（疝气带/吸氧机/雾化器/止鼾器/腰椎牵引带/颈椎牵引器/空气净化机）/电子针灸器/药盒（便携/智能）/急救盒

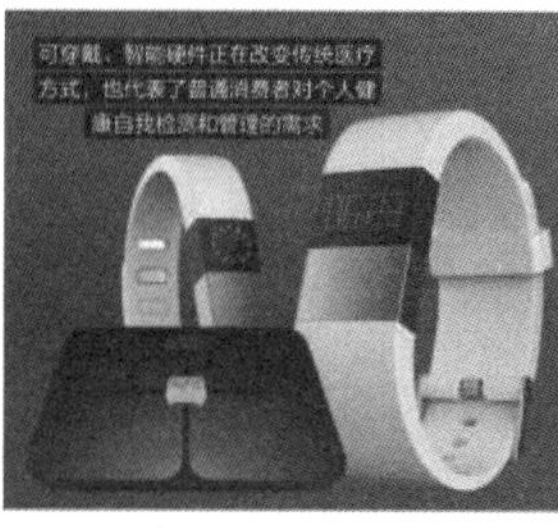

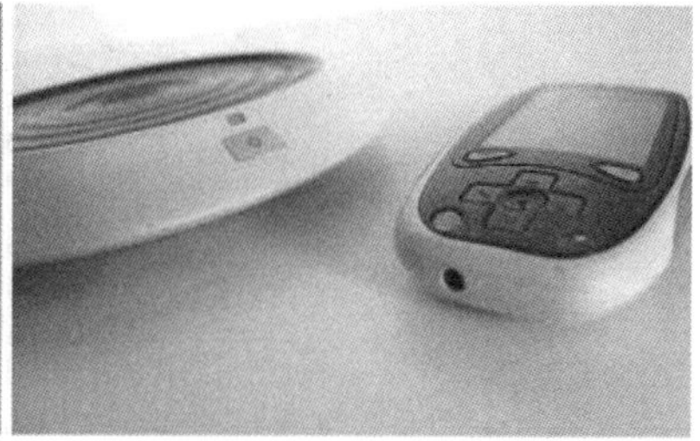

附录 5　居家适老化多功能床的设计案例（一）

居家适老化多功能床环境设计

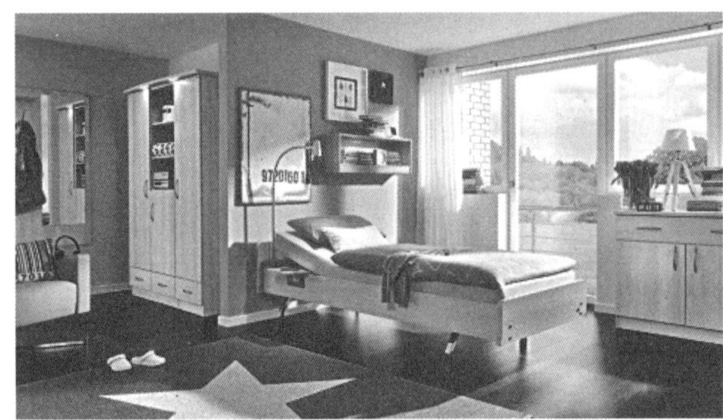

居家适老化多功能床护栏设计

附录6 居家适老化多功能床的设计案例（二）

居家适老化多功能床床架设计

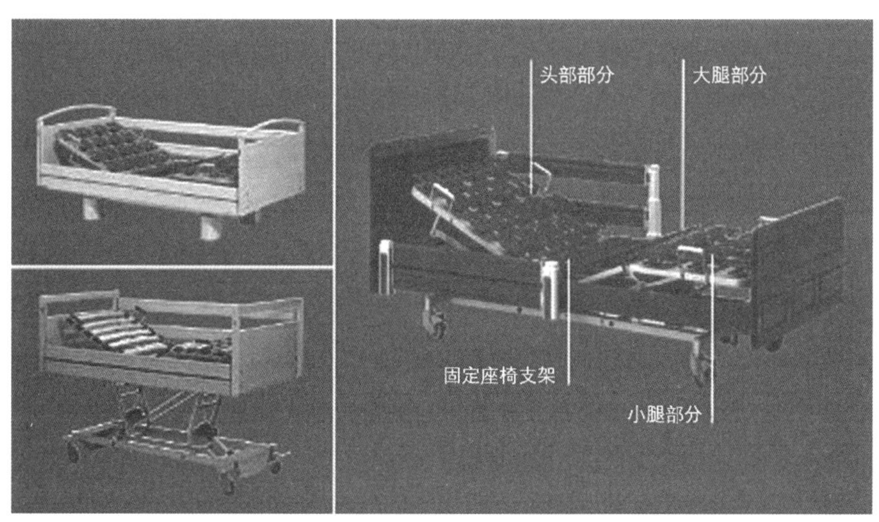

居家适老化多功能床辅助设施设计

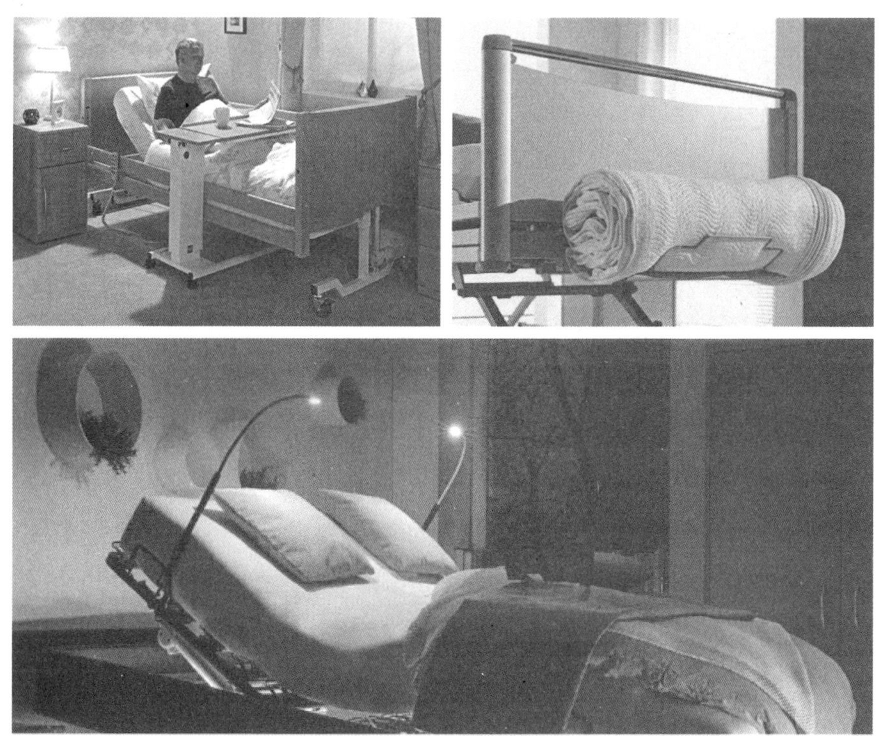

附录 7　一种居家适老化可独立调节的弹簧床架（发明专利）

发明背景

近年来，随着科学技术的发展与进步，人们的生活水平得到了很大的提升，越来越多的人开始关注功能性强、使用便捷的产品，因此提出了模块化的设计概念。模块化是在传统设计基础上发展起来的一种新的设计思想，现已成为一种新技术被广泛应用。产品的模块化使其原本复杂烦琐的整体转化为若干拥有独立功能的个体，个体之间存在标准化特征且能独立调节，最终由个体的性能体现出整体的性能。同时，它便于组装与拆卸，具有较好的通用性，能够满足更多人的需求。

目前，针对弹簧床架的设计较为单一，在家用床架方面，主要采用整体包裹式的设计方式，即家用床垫垫芯由若干弹簧组成。内部弹簧的排列形式多种多样，包括联结式、袋装独立筒、线状直立式、张状整体式及袋装线状整体式。在设计方面，根据人体工学原理设计的弹簧，能依照人体的曲线和重量灵活伸缩，具有弹性好、承受压力能力强、耐用性较强等优点。但是现有设计也存在以下问题。

（1）现有产品采用一体化的设计理念，内部弹簧均采用统一的规格使之具有相同的弹力，不能根据人体的压力分布而独立调节每个弹簧之间的弹力大小，因此适应不了有特殊需求的用户。

（2）由于现有产品的整体性限制，它对于各个方向受到的压力不能及时精准地做出回馈，且现有产品多采用布垫包裹弹簧床架构成整体的床垫，透气性欠佳。

（3）现有产品整体上未采用模块化设计，使之不便于拆装。

综上所述，现有的弹簧床架不能满足用户对于产品使用舒适性、模块化、拆装便捷、高效等方面的需求。

发明优点

本发明的目的在于提供一种居家适老化可独立调节的多功能弹簧床架，实现模块化设计。每个独立的弹簧模块经过特殊的结构设计具备优良的性能，同时可独立调节。整体弹簧床架便于拆装和运输，使用高效。

本发明与现有技术相比，显著优点在于以下几个方面。

（1）整个弹簧床架采用模块化设计的方式，每个弹簧模块之间根据人机工程中的压力分布可独立调节弹力大小，调节过程快速便捷，能适应更多人的使用需求并提高其使用舒适性。

（2）全新设计的弹簧结构，采用嵌套的方式，具备良好弹性的同时又具备较强的耐久性，对于各个方向的压力均能做出精准的回馈。弹簧结构采用镂空设计，使整个弹簧床架具备良好的透气性。

（3）整个弹簧床架便于拆装和运输，使用便捷且稳固。

发明内容与特点

一种居家适老化可独立调节的多功能弹簧床架，包括若干个床板横向梁结构16、若干个床板竖向梁结构18、若干个工型槽密封盖19、若干个工型通槽压盖12和若干个工型通槽卡扣13。其中，若干个床板横向梁结构16相互平行、间隔设置，相邻的两个床板横向梁结构16之间通过若干个间隔设置的床板竖向梁结构18固连，沿床板横向梁结构16的中心轴线方向开有工型通槽17，所述工型通槽17顶面设有长条形开口，工型通槽卡扣13固连在工型通槽压盖12的内壁，床板横向梁结构16一端与工型槽密封盖19固连，另一端通过工型通槽压盖12上的工型通槽卡扣13和工型通槽17锁死与分开。

所述模块化可独立调节的弹簧床架还包含若干个独立的弹簧模块，每个弹簧模块包括外部弹簧单元、内部弹簧单元、内部弹簧基座8、弹簧模块基座3、调节高度结构、两个外部弹簧基座4和两个弹簧模块卡扣凸起件1。弹簧模块基座3采用横截面为工字形的滑块，两侧的凹面内壁形成弹簧模块基座滑轨2，内部弹簧单元嵌套在外部弹簧单元内，弹簧模块基座3的一端端面对称，设有两个弹簧模块卡扣凸起件1，另一端端面上对称，设有两个弹簧模块卡扣凹槽14，若干个弹簧模块基座3依次插入床板横向梁结构16的工型通槽17中，并排满。相邻的两个弹簧模块基座3中，前一个弹簧模块基座3的弹簧模块卡扣凹槽14与后一个弹簧模块基座3的弹簧模块卡扣凸起件1配合连接，外部弹簧单元底部固连有两个对称设置的外部弹簧基座4，外部弹簧基座4穿过长条形开口固定在弹簧模块基座3上，内部弹簧单元固定在内部弹簧基座8上，内部弹簧基座8底部穿过长条形开口与调节高度结构相连，进行高度调节。调节高度结构设置在弹簧模块基座3上。

所述特殊设计的外部弹簧单元和内部弹簧单元结构相同，内部弹簧单元的尺寸小于外部弹簧单元的尺寸，嵌套于外部弹簧单元内。外部弹簧单元受到压力后发生形变，当形变达到一定量时，内部弹簧对于外部弹簧有支撑作用且自身也会发生形变，因而提供较好的弹力。

所述外部弹簧单元包括外部弹簧承压盖 11、两组外部弹簧上支架组和两个外部弹簧下支架 5。所述外部弹簧下支架 5 包括直杆和两个对称设置的 S 形连杆，两个 S 形连杆一端分别对应，与两个外部弹簧基座 4 固连，另一端通过直杆连接，直杆和两个 S 形连杆采用一体制造。每组外部弹簧上支架组包括两个外部弹簧上支架 7，外部弹簧上支架 7 为弧形杆，两组外部弹簧上支架组一端对称固定在外部弹簧承压盖 11 上，另一端向下弯曲，分别与两个外部弹簧下支 5 对应固连。特殊设计的外部弹簧单元结构均采用轻质高性能塑料，形变后能迅速恢复，因而具有较强的弹性和耐久性。当弹簧模块受到外界压力时，压力随外部弹簧承压盖 11 与内部弹簧承压盖 10 传导给两组外部弹簧上支架组、两个外部弹簧下支架 5、两组内部弹簧上支架组与两个内部弹簧下支架，使外部和内部弹簧单元在一定区间内发生形变，因而具有较强的回弹力。整个弹簧模块在受到各个方向的压力时均可做出迅速而精准的响应。弹簧模块均采用镂空设计，使整个弹簧床架具有较强的透气性。同时，外部与内部弹簧单元顶部的承压盖采用平面造型设计，使其能充分承接并传导上部的压力。

所述每个弹簧模块中的内部弹簧单元弹力可独立调节，调节过程方便、快捷。使用时，不同用户可根据体压分布进行有针对性的调节，使整个床架表面形状更加贴合背部生理曲线，从而进一步提高使用舒适性，满足更多人的使用需求。具体的调节方式为：通过两个外部弹簧上支架 7，顶部的外部弹簧承压盖 11，与两个内部弹簧上支架 9，顶部的内部弹簧承压盖 10 之间相对距离减小，与增加改变内部弹簧系统对外部弹簧系统的有效支撑力，实现调节整个独立的弹簧模块弹力大小的目的。

所述每个独立的弹簧模块通过弹簧模块基座滑轨 2，在床板横向梁结构 16 的中心轴线方向开有工型通槽 17 中滑动实现拆装，通过工型通槽压盖 12 与床板横向梁结构 16 将其锁定，整个弹簧床架由若干根床板横向梁结构 16、床板竖向梁结构 18 组成，其拆解与装卸过程不用任何螺丝和其他辅助性工具，快捷高效的同时具有较强的稳定性。

使用方式与流程

（1）压力传导

当人躺在弹簧床架上，身体各部分的压力均传导给床架，床架又将各部分压力传导至每个弹簧模块中，进一步传导给外部弹簧单元的外部弹簧承压盖 11 上。其压力迅速分散至两组外部弹簧上支架组与两个外部弹簧下支架 5。由于弹簧支架特殊的结构设计与材料，其迅速响应发生形变。当形变量达到一定程度时，即外部弹簧承压盖 11 与内部弹簧承压盖 10 相对距离减小并接触，压力传导给内部弹簧单元，进一步地通过内部弹簧承压盖 10 传导给两组内部弹簧上支架组与两个内部弹簧下支架 6，其迅速响应发生形变。当人改变体位，对弹簧床架的各部分压力随之发生变化。每个弹簧模块对应的压力减小时，内部和外部弹簧单元将恢复原状，从而提供有效的弹力支撑。

（2）拆装与独立调节弹簧模块弹力大小

床板横向梁结构 16 一端与工型槽密封盖 19 固连，另一端通过工型通槽压盖 12 上的工型通槽卡扣 13 和工型通槽 17 锁死与分开，需要拆装时，打开一端的工型通槽压盖 12，通过弹簧模块基座滑轨 2 在床板横向梁结构 16 内部的工型通槽 17 中滑动并取出。根据用户自身需求和人体工程中的压力分布，可独立调节每个弹簧模块的弹力大小。由于内部弹簧系统嵌套于外部弹簧系统中，调节高度结构包括弹簧压杆和调节按钮 15。弹簧压杆设置在弹簧模块基座 3 内，其顶部与内部弹簧基座 8 的底部固连，调节按钮 15 设置在弹簧模块基座 3 上，通过调节按钮 15 调节弹簧压杆，进而调节内部弹簧单元的高度，实现调节弹簧模块弹力大小的目的。打开床板横向梁结构 16 一端的工型通槽压盖 12，将调整至合适弹力大小的各弹簧模块的工字形弹簧模块基座 3 两侧的凹面内壁的弹簧模块基座滑轨 2，在床板横向梁结构 16 内部的工型通槽 17 中滑动依次装入，每根床板横向梁结构 16 装填完毕后，盖上工型通槽压盖 12，通过工型通槽压盖 12 的工型通槽卡扣 13 和工型槽 17 连接将其锁定，从而完成快捷便利地打开与关闭锁定整个模块化可独立调节弹簧床架与调节各弹簧模块的弹力大小的整个过程，更好地迎合产品模块化设计理念，同时有效提升产品使用的舒适性。

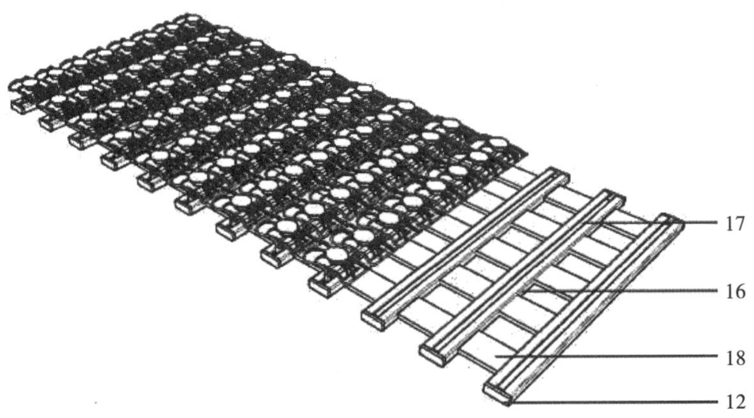

图 1　一种居家适老化可独立调节的多功能弹簧床架的整体结构示意图

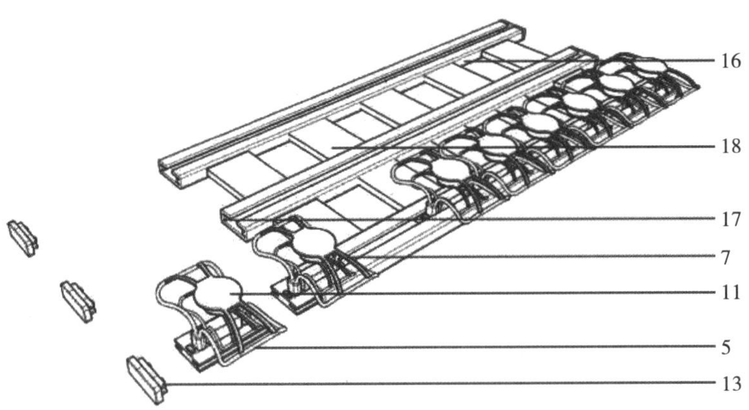

图 2　一种居家适老化可独立调节的多功能弹簧床架的局部结构示意图

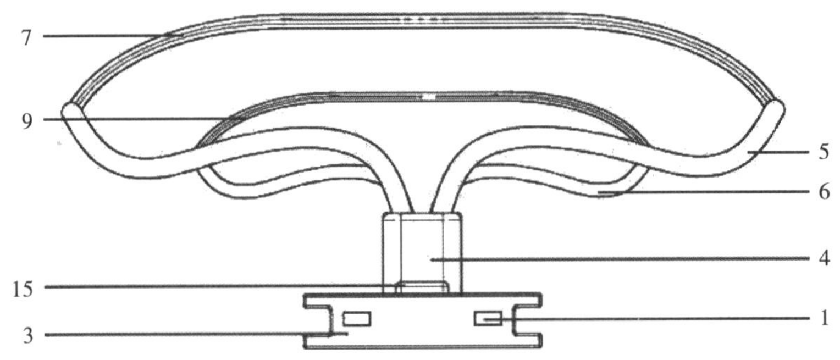

图 3　一种居家适老化可独立调节的多功能弹簧床架的弹簧模块结构示意图

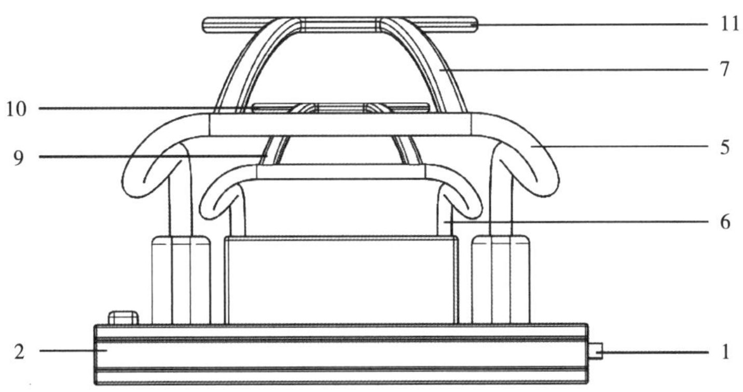

图 4　一种居家适老化可独立调节的多功能弹簧床架的弹簧模块结构主视图

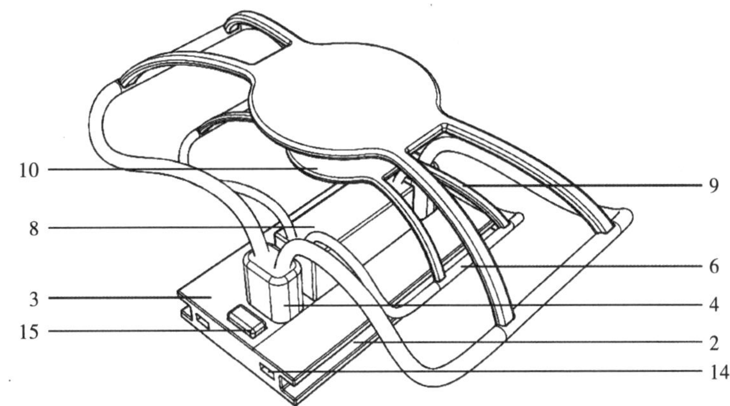

图 5　一种居家适老化可独立调节的多功能弹簧床架的弹簧模块结构左视图

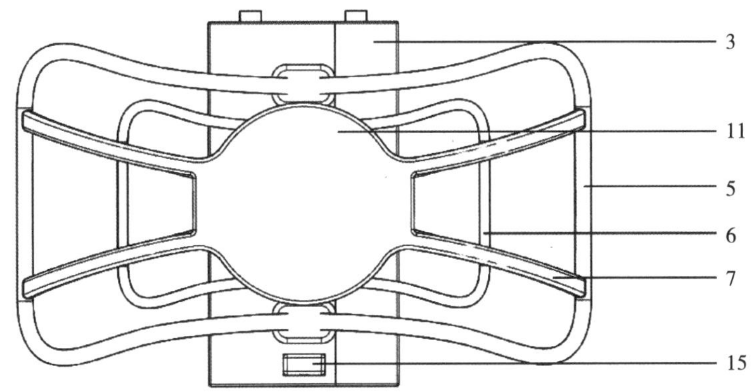

图 6　一种居家适老化可独立调节的多功能弹簧床架的弹簧模块结构俯视图

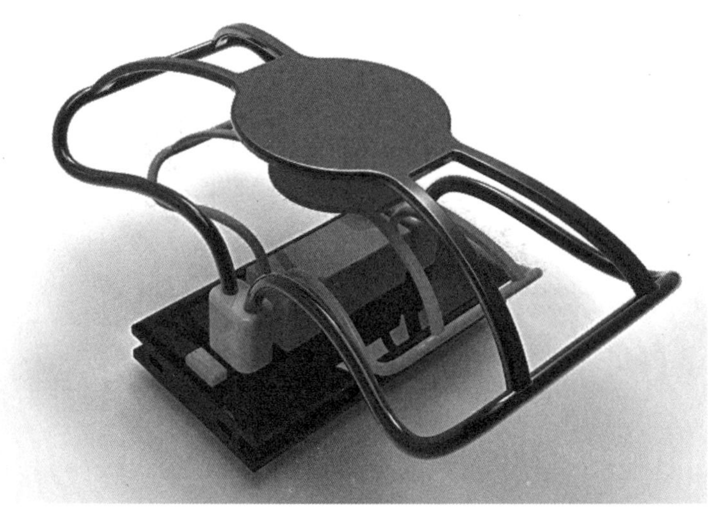

图 7　一种居家适老化可独立调节的多功能弹簧床架的弹簧模块结构效果图

参考书目

[1] World Health Organization. (2002). Active ageing: A policy framework. Geneva: World Health Organization.

[2] Walker, A. (2018). The new dynamics of ageing. Policy Press.

[3] Baltes, P. B., & Smith, J. (Eds.). (2003). International encyclopedia of the social and behavioral sciences (Vol. 10). Elsevier.

[4] Johnson, R. W. (2016). Population aging and the generational economy: A global perspective. Edward Elgar Publishing.

[5] Carstensen, L. L., Isaacowitz, D. M., & Charles, S. T. (Eds.). (2019). Handbook of emotion, aging, and the life course. Academic Press.

[6] Rowles, G. D., & Bernard, M. (Eds.). (2013). Environmental gerontology: Making meaningful places in old age. Springer Publishing Company.

[7] Quadagno, J. S. (2017). Aging and the life course: An introduction to social gerontology. McGraw–Hill Education.

[8] Bengtson, V. L., & Settersten Jr, R. A. (Eds.). (2016). Handbook of theories of aging. Springer Publishing Company.

[9] Harper, S. (2017). Families in later life: Connections and transitions. John Wiley & Sons.

[10] Moody, H. R. (2018). Aging: Concepts and controversies. Sage Publications.

[11] Estes, C. L., & Binney, E. A. (2016). The biomedicalization of aging: Dangers and dilemmas. Johns Hopkins University Press.

[12] Phillipson, C. (2013). Reconstructing old age: New agendas in social theory and practice. Sage Publications.

[13] Settersten Jr, R. A., & Angel, J. L. (Eds.). (2018). Handbook of sociology of aging. Springer Publishing Company.

[14] Martin, L. G., & Soldo, B. J. (Eds.). (2017). Racial and ethnic differences in the health of older Americans. National Academies Press.

[15] Johnson, N. L., Bott, S. R., & Baltes, M. M. (2018). The Cambridge handbook of age and ageing. Cambridge University Press.

[16] 刁生富，吴选红，冯桂锋，等 . 区块链与民生服务 [M]. 北京：电子工业出版社：2022：202.

[17] 李若青，赵云合，何灵 . 城乡社会保障理论与实践 [M]. 昆明：云南大学出版社：2021：312.

[18] 裴育，史梦昱，徐炜锋 . 地方公共养老保障体系发展研究 [M]. 南京：南京大学出版社：2021：308.

[19] 马岚 . 公益性和产业化相结合的养老服务模式研究 [M]. 南京：南京大学出版社：2021：196.

[20] 张子琪 . 乡村老龄化问题与老年设施营建策略探究 [M]. 南京：南京东南大学出版社：2020：171.

[21] 许伟，叶闽慎，李静萍，等 . 智能养老服务研究 [M]. 武汉：湖北人民出版社：2020：216.

[22] 黄俊辉 . 政府责任视角下的农村养老服务供给研究 [M]. 北京：中国政法大学出版社：2020：345.

[23] 韩艳 . 政府购买居家养老服务质量评估研究 [M]. 厦门：厦门大学出版社：2020：186.

[24] 王林森 . 城镇居家养老服务供给能力研究 [M]. 南京：南京大学出版社：2019：233.

[25] 中国老龄协会 . 新时代积极应对人口老龄化高端研讨会论文集 [M]. 北京：华龄出版社：2019：551.

[26] 高传胜 . 老有所养，当问谁 ?[M]. 南京：南京大学出版社：2019：328.

[27] 杨波 . 智慧居家养老服务质量评价研究 [M]. 北京：新华出版社：2019：206.

[28] 程晓青 . 北京市养老设施建筑环境分析 [M]. 北京：华龄出版社：2018：386.

[29] 成绯绯，孟斌，谢婷 . 北京市养老机构现状分析 [M]. 北京：华龄出版社：2018：453.

[30] 马小红 . 北京市养老社会组织和企业状况分析 [M]. 北京：华龄出版社：2018：

248.

[31] 乔晓春 . 北京市养老相关资源整体状况分析 [M]. 北京：华龄出版社：2018：534.

[32] 蒋旭峰 . 农村社区化服务体系创新研究 [M]. 杭州：浙江大学出版社：2017：209.

[33]《大城养老》编委会 . 大城养老 [M]. 上海：上海人民出版社：2017：153.

[34] 江苏民康老年服务中心 . 养老机构服务与管理实务 [M]. 南京：南京东南大学出版社：2017：341.

[35] 王琼，王敏，黄显官 . 我国养老服务综合配套改革实践与创新 [M]. 成都：西南交通大学出版社：2017：255.

[36] 陈志峰，刘俊秋，王臣昊等 . 智慧养老探索与实践 [M]. 北京：人民邮电出版社：2016：298.

[37] 吴玉霞 . 公共服务供给分工与合作网络的理论与实证研究 [M]. 杭州：浙江工商大学出版社：2015：222.

[38] 易开刚 . 现代化养老服务业的发展战略、模式与对策研究 : 以浙江省为例 [M]. 杭州: 浙江工商大学出版社：2014：266.

[39] 卜泳生 . 苏州社会化养老模式新探索 [M]. 苏州：苏州大学出版社：2013：231.

[40] 姜向群，杜鹏 . 中国人口老龄化和老龄事业发展报告 [M]. 北京：中国人民大学出版社：2013：168.

图书在版编目（CIP）数据

特色居家养老服务模式驱动创新设计 / 孙一文著
. -- 南京 : 江苏凤凰美术出版社, 2024.5
ISBN 978-7-5741-1914-7

Ⅰ. ①特… Ⅱ. ①孙… Ⅲ. ①养老-社区服务-研究
-中国 Ⅳ. ①D669.6

中国国家版本馆CIP数据核字(2023)第111210号

责任编辑 王左佐
装帧设计 焦莽莽
责任校对 孙剑博
责任监印 唐 虎
责任设计编辑 赵 秘

书　　名　特色居家养老服务模式驱动创新设计
著　　者　孙一文
出版发行　江苏凤凰美术出版社（南京市湖南路1号　邮编210009）
印　　刷　盐城志坤印刷有限公司
开　　本　787 mm×1092 mm　1/16
印　　张　10.5
版　　次　2024年6月第1版
印　　次　2024年6月第1次印刷
标准书号　ISBN 978-7-5741-1914-7
定　　价　68.00元

营销部电话　025-68155675　营销部地址　南京市湖南路1号